MONOGRAPHIE

DE LA

PAROISSE SAINT-PIERRE-LÈS-MARSEILLE

PAR

M. L'Abbé C. THERME, Curé

MARSEILLE

IMPRIMERIE MARSEILLAISE

Rue Sainte, 39

—

1897

MONOGRAPHIE

DE LA

PAROISSE SAINT-PIERRE-LÈS-MARSEILLE

MONOGRAPHIE

DE LA

PAROISSE SAINT-PIERRE-LÈS-MARSEILLE

PAR

M. L'Abbé C. THERME, Curé

MARSEILLE

IMPRIMERIE MARSEILLAISE

Rue Sainte, 39

1897

AVANT-PROPOS

Nous dédions cette Monographie aux bienfaiteurs de la paroisse, les dignes successeurs des fondateurs de l'église de Saint-Pierre et de la chapelle de Saint-Jean du Désert.

Ils y verront un hommage de reconnaissance pour l'appui si constant et si généreux qu'ils donnent à nos Œuvres paroissiales. Nous ne doutons pas qu'ils ne lisent ces pages avec le plus vif intérêt et qu'ils ne soient portés, ensuite, à se dévouer encore davantage, si c'est possible, pour un quartier qui devient de plus en plus important et dont l'histoire mérite de ne pas tomber dans l'oubli.

Nous sommes assuré aussi que les habitants de Saint-Pierre seront heureux de parcourir ce récit. L'histoire de la paroisse n'est-elle pas l'histoire de la famille à laquelle tous doivent être particulièremeut attachés? On en savoure jusqu'aux moindres détails, on les grave dans son esprit, dans son cœur, pour les transmettre aux autres de vive voix.

C'est par là que l'esprit chrétien se maintient, grandit ; c'est par cet amour de la paroisse et de tout ce qui la concerne, que l'on progresse dans la connaissance et l'amour des devoirs qui sanctifient.

En voyant ce qu'ont fait nos pères, ne serons-nous pas portés à faire comme eux ? Ils ont trouvé la joie, le bonheur, les bénédictions de toutes sortes, dans leur dévouement à leur église ; il en sera de même pour nous, si nous les imitons.

Nous avons puisé les documents qui nous ont servi à cette Monographie, surtout dans les archives de la paroisse et dans le Dictionnaire si estimé d'Alfred Saurel. Nous y avons peu ajouté du nôtre ; nous avons eu recours quelquefois aux traditions locales.

Puisse le divin Maître bénir ce travail que nous plaçons également sous la protection de saint Pierre, patron de notre église et du quartier !

L'Abbé THERME,
Curé de Saint-Pierre.

MONOGRAPHIE

DE LA

PAROISSE SAINT-PIERRE-LÈS-MARSEILLE

CHAPITRE PREMIER

Saint-Pierre — Saint-Jean du Désert
La Timone

La paroisse de Saint-Pierre, qui compte environ
3.000 habitants, comprend dans son périmètre
trois quartiers principaux : Saint-Pierre, Saint-
Jean du Désert et La Timone.

I

Saint-Pierre

Ce village, situé entre le chemin de grande
communication nº 2, de Marseille à Saint-Pons,

et le chemin vicinal n° 9, dit de Saint-Jean du Désert, est fort connu, à Marseille, par quatre établissements d'une nature lugubre : la Maison de correction des hommes, l'Hospice de la Conception, l'Asile des aliénés et le Cimetière. L'Asile et le Cimetière appartiennent seuls au quartier et sont situés sur la droite de la grande route. Quant aux deux premiers, on les voit du même côté, sur la partie du chemin vicinal connu aujourd'hui sous le nom de rue Saint-Pierre.

Le quartier proprement dit ne commence qu'au delà de Jarret ; mais le chemin principal qui y conduit n'est pas, il faut l'avouer, de nature à exciter l'expansion et la gaieté.

A la devanture de presque tous les magasins sont accrochés des couronnes d'immortelles, des croix, des urnes et des anges en pleurs, si bien que, depuis le pont de Jarret jusqu'à la porte du Cimetière, c'est un vaste marché d'objets funéraires.

Rompant la monotonie de ce bazar sépulcral, plusieurs ateliers importants de sculpteurs s'ouvrent sur l'avenue ; le marbre et la pierre se transforment en tombeaux, en statues, en ornements mortuaires. Les morts ne sont pas encore là; mais tout ce qui leur est destiné s'y montre à découvert. Si pourtant cette vue est désagréable à plusieurs, elle est utile à d'autres par les réflexions salutaires qu'elle provoque.

Le village de Saint-Pierre ne remonte pas à une haute antiquité: il s'est formé dans le courant du XVII⁰ siècle, et l'acte du notaire Giraudon, dont nous transcrivons ci-après quelques lignes, nous apprendra plusieurs choses à la fois:

« Sachent tous que l'an mille six cent vingt-
« sept, et le dix septembre...... les possédants
« biens au terroir de cette ville de Marseille et au
« cartier de *Terres-Blanques, Sarturan* et le
« *Mortier*, tirant vers Jarret, pour les grandes
« incommodités que eux et leurs familles trou-
« vent ordinairement les festes et dimanches et
« faute d'avoir une chapelle où le service divin
« y soit célébré tout de même qu'autres endroits
« et cartiers dudit terroir de Marseille, ayant fait
« dessein de faire construire une chapelle à l'en-
« droit de la propriété de Hugues Ardent; joignant
« le chemin public tirant Aubaigne...... et la
« place dont ils avaient fait choix le 29 dé-
« cembre 1624... »

Rien n'est plus clair que cet acte : tout y est dit, excepté le motif qui fit préférer pour patron le Prince des Apôtres à tout autre saint. La chapelle se construit pour la commodité des habitants et, dit un autre acte :

« Avenant le 26 novembre 1632, le sieur Esperit
« Samuel a reçu comptant du sieur Léonard de
« Saco, escuyer prieur vieux de la dite chapelle,
« les sept livres ung soub qui lui estaient encore
« deubs pour tout reste et entier payement de
« tous le susdit prix-fait et mentionnés en la
« quittance visée par M° Giraudon, notaire, le
« 23 octobre 1628, au pied dudit acte et par
« ainsin demeurent tous quites et payés et satis-
« faits les uns les autres. »

Les registres de la paroisse nous disent par qui l'église avait été bénite :

« L'an 1628, le 31 juillet, le Frère Jean-Baptiste
« Penna, docteur en sainte théologie, religieux
« de l'Ordre des Prêcheurs et procureur général
« de Messire François de Lomenye, évêque de
« Marseille, se rend à la chapelle qui a été édifiée
« par les habitants de quartier appelé Terres
« Blanques, Sarturan et le Mortier, sur le grand

« chemin tirant au lieu d'Aubaigne, proche de la
« croix dite de marbre, et ce en remplacement de
« Messire Loys de Gantès, licencié en droit,
« chanoine de l'église majeure et cathédrale
« de Marseille et Vicaire général official de l'Evê-
« que, et bénit la chapelle le lendemain 1ᵉʳ août ;
« fête de saint Pierre ès liens, patron du lieu et
« de la chapelle (1). »

Il n'est pas difficile de retrouver cette église,
car elle existe encore ; mais il y a plusieurs années
qu'elle fut convertie en école communale de garçons et eut cette affectation jusqu'en 1896, époque
de la construction de la nouvelle école communale située à la campagne Guigou sur le chemin de
Saint-Jean du Désert. Cette église, complètement
abandonnée aujourd'hui, tombe en ruine et finira
par disparaître prochainement, à cause de l'agrandissement projeté de la route.

Rien ne nous prouve que le village se construi-
sit plus rapidement après qu'avant l'édification de
la chapelle ; nous savons seulement que les

(1) On célébrait, solennellement et par des réjouissances
publiques, la fête de saint Pierre ès liens et celle du Bon
Ange ou de l'Ange Gardien.

prieurs étaient de hauts personnages qui ne dédaignaient pas, tout en s'occupant des intérêts spirituels des habitants du lieu, de leur procurer une fois l'an des réjouissances publiques mais honnêtes.

Ces prieurs (1) chargés d'administrer les revenus de la chapelle étaient nommés par les habitants du quartier. Cette chapelle dépendait,

(1) Au nombre de deux ; le plus souvent, pourtant, soit pour Saint-Pierre, soit pour Saint-Jean, nous trouvons dans les archives deux prieurs de la ville ou résidant en ville et deux prieurs résidant dans le quartier.

Les premiers étaient appelés : prieurs messieurs, prieurs propriétaires ou prieurs bourgeois ;

Les seconds : prieurs paysans ou prieurs du terroir.

Les élections de marguilliers, soit à Saint-Pierre, soit à Saint-Jean, avaient lieu le jour de la fête patronale de ces quartiers ou quelques jours avant, afin que les nouveaux marguilliers pussent entrer en fonctions ces jours-là.

Les possédants biens ne pouvaient refuser d'être marguilliers. Au besoin, l'élection leur était signifiée par ministère d'huissier et ils étaient soumis à l'amende s'ils persistaient dans leur refus.

Les élections, pour Saint-Pierre, avaient lieu quelquefois au couvent des Capucins, à la campagne de d'Arcussia, au couvent des Dominicains et à celui des Augustins réformés.

Pour venir en aide aux prieurs, il y avait quelquefois deux *prieuresses*, également élues.

néanmoins, du chapitre de l'église cathédrale de Marseille. (Livre de paroisse.) (1).

Il faut rendre cette justice aux desservants de Saint-Pierre, qu'ils ont fait tout ce qu'ils ont pu pour agrandir le cercle de leur paroisse et, par contre-coup, donner un peu d'importance au village.

Le 9 juillet 1664, celui qui était en activité obtient de la dame Marguerite Fabronne, femme séparée de biens de son mari François Ardent, la donation d'un coin de *pra* pour faire la sacristie et le presbytère (2).

De leur côté, les prieurs songent à la sépulture de leur propre personne et de leurs compatriotes ; ils font creuser dans l'église même une tombe commune ; mais, ce caveau ne suffisant pas, ils créent un cimetière dans un terrain contigu à l'édifice lui-même.

(1) Quoi qu'en dise le Livre de paroisse, nous pensons que l'église de Saint-Pierre dépendait de la paroisse de Saint-Martin, comme, du reste, celles de Saint-Jean du Désert et de Saint-Loup. Nous lisons, en effet, dans les archives, qu'en 1699, une cloche, pour l'église de Saint-Pierre, fut bénite à Saint-Martin par M. Isoard.

(2) En 1666, M. de Venture donne de l'argent pour continuer la bâtisse du presbytère.

Une grande lacune existe dans nos documents en ce qui touche à l'époque de la Révolution (1).

L'église de Saint-Pierre ne fut pas vendue comme bien national, les titres que presentèrent les habitants du quartier aux agents du gouvernement ayant été suffisants pour démontrer qu'elle leur appartenait.

Les mêmes commissaires avaient rendu une décision analogue relativement à l'église de Saint-Jean du Désert, qui, jusque-là, avait eu son propre desservant et avait été administrée au temporel par les possédants biens du quartier dont elle portait le nom.

Lors du rétablissement du culte, les deux quartiers de Saint-Pierre et de Saint-Jean du Désert furent englobés dans la même juridiction ecclésiastique et la chapelle du premier fut jugée suffisante pour le service de l'un et de l'autre. Elle prit le titre de chapelle de secours ; puis, en 1803, l'évêché de Marseille étant supprimé, elle

----

(1) Le 12 février 1791, toute la commune de Marseille fut divisée en douze sections. Saint-Pierre fit partie de la neuvième avec Saint-Jean du Désert, la Pomme, Saint-Dominique et Saint-Loup.

fut érigée en succursale par Mgr de Cicé, archevêque d'Aix, sous le titre de l'Immaculée Conception de la Sainte Vierge et Saint-Pierre ès liens (1). Les patrons secondaires furent saint Joseph, saint Polycarpe et saint François de Sales.

Après les guerres de l'Empire, le village de Saint-Pierre profita pour sa part de l'augmentation générale de la population marseillaise. Les maisons se groupèrent davantage sur ce point, qu'un acte notarié du 31 juillet 1628 appelle « la Croix de Marbre », et l'agglomération put prendre le nom de village.

En 1823, on songea à agrandir l'église dont la première enceinte était vraiment insuffisante et l'on éleva un clocher à trois arceaux au-dessus de la toiture de l'édifice (2).

(1) Il paraît démontré que, dès sa construction, elle a été succursale, puisqu'on y baptisait, etc., et qu'elle avait des administrateurs.

(2) Le 19 avril 1812, une cloche donnée par M. Trouchet, président du Conseil de fabrique, fut bénite par le curé, avec permission de l'évêque.

Le 16 février 1852, bénédiction de deux autres cloches, par M. Caillol, chanoine. Les parrains furent : MM. Laforêt et Gueyraud; et les marraines : Mmes Pauline de Fulconis, baronne de Flotte, et Victoire Rossolin-Aillaud.

Malgré cela, cette église n'avait rien de remarquable ; elle était, au contraire, peu digne de la majesté de Dieu, plus qu'insuffisante pour les cérémonies religieuses, très incommode, très humide, mal située, puisqu'elle était sur un chemin de grande communication, sans avenue et sans place ; les réparations et les additions qu'on y fit en 1823 et à plusieurs époques ultérieures ne l'améliorèrent pas. Sa construction était mauvaise et nécessitait des réparations continuelles. Bref, elle demandait à être reconstruite dans de meilleures conditions et sur un emplacement plus convenable.

Après 1848, les administrateurs des départements et des villes se prêtèrent à donner satisfaction aux besoins des populations. Aussi, sous l'impulsion du curé, les habitants du quartier pétitionnèrent si bien, que les démarches, commencées en 1855, aboutirent, dès 1858, pour la construction d'une église monumentale.

La première pierre de cet édifice fut posée par Mgr de Mazenod, le 13 juin 1859 ; l'église terminée fut bénite le 12 mai 1861, par M. Caillol, Vicaire général, et consacrée par Mgr O'Cruice, le 13 octobre 1862.

M. Sixte Rey en est l'architecte. L'église est une des mieux réussies de la banlieue marseillaise. Elle est du style roman pur. Le clocher, qui ne manque pas de cachet, s'élève sur la façade et un dôme surmonte le transept.

A l'intérieur, on remarque la chaire en bois de chêne sculpté, de Mayer, de Munich, inaugurée le 11 avril 1869, et diverses inscriptions sur marbre que voici (1) :

ANNO REPAR. SAL. MDCCCLIX. FER. II POST PENT., XII PONTIF. PII IX, VII IMPER. NAPOLEONIS III.

DNO BESSON, PREFECTO, DNO F. HONNORATO CIVIT. MASSIL. MODERAT., MAGISTRO SAUVAIRE PAROCHO.

CAR. JOS. EUG. DE MAZENOD, EPS MASSIL., IMPERII SENATOR, PRIMAM LAP. HUJUS TEMPLI REÆDIF. IN HONOR. PRINC. APOST. P. B. D.

TEMPLUM HOC, SUB TITULO PRINC. APOST. MUNIFICENTIA COMMUN. MASSIL. SIXTO REY, ARCHITECTA, ÆDIFICAVIT.

(1) L'église possède trois statues fort anciennes, vénérées des paroissiens : la statue de la Vierge Mère, celle de saint Pierre et le buste de saint Polycarpe.

Pietas parochianor., in primis D. D. qui
templ. admin. præsunt. J. P. Durand, A. Laforest,
A. Aillaud, B. René, T. Guieu, exornavit.

Altare maj. et sacrarium recentior. Mass.
ædilitas provid. Dno L. Lagarde, civit.
moderator.

D. D. D

Hæc est domus Domini, anno MDCCCLXII, die
vero octobris XIII, ab Ill. et RR. DD. Patricio
Francisco Maria Cruice, Episc. Mass. in hono-
rem B. Petri et B. Mariæ sine labe orig.
conceptæ consecrata et dicata. F. C. Sauvaire,
parocho.

Sous le rapport de la population, Saint-Pierre
ne manque pas d'une certaine importance : on y
compte, en effet, d'après le dernier recensement,
plus de 2.000 habitants : on en comptait seulement 261 en 1818.

L'agglomération est comprise dans un angle
aigu formé par la route de grande communication n° 2, ou petit chemin d'Aubagne, et le chemin vicinal n° 9, de Saint-Jean du Désert.

De larges et beaux boulevards complantés de
platanes donnent un certain cachet au quartier

qui, malgré la proximité du Cimetière, est un des plus sains de Marseille.

Son territoire est naturellement séparé de la ville proprement dite par le Jarret, ce ruisseau qui vient de Pichauris et s'enrichit des excédents d'arrosage du canal de Marseille.

Il est sillonné par le chemin de fer de Toulon dont la voie court de l'ouest à l'est et par l'embranchement dit du Prado qui se dirige du nord au sud.

Un des ouvrages d'art qui donne le plus de charme au paysage est l'aqueduc de Saint-Pierre qui conduit les eaux de la dérivation de la ville, achevé en 1851. Il a 383 mètres de longueur et 11 mètres 20 centimètres de hauteur maximum. Il se compose de 92 arches en plein cintre de 3 mètres d'ouverture et d'une arche de 8 mètres d'ouverture surbaissée pour le passage de la route.

Tout près de l'aqueduc, du côté de Saint-Loup, sur le chemin de la Pomme, à droite, se trouve la villa d'Arcussia (1). C'est là que se rendait

(1) Le marquis d'Arcussia fut prieur de l'église de Saint-Pierre.

M⁸ʳ de Belsunce, pendant la belle saison, pour y passer quelques jours auprès de sa nièce bien-aimée, Gabrielle de Belsunce, qui avait épousé le marquis Michel-Anne d'Arcussia, de la branche des seigneurs de Fos (1).

La maison de campagne existe encore telle qu'elle était alors ; on y montre la salle où M⁸ʳ l'Evêque célébrait le saint sacrifice, le belvédère où il venait le soir prendre le frais avec sa nièce et ses autres parents, donnant gracieusement sa bénédiction à ceux qui passaient sur la route.

Nous n'avons pas l'intention d'introduire le lecteur dans le Cimetière, cette vaste nécropole dont on aperçoit si bien toute l'étendue, quand on suit la voie ferrée de Toulon. Qu'il nous suffise de dire que son établissement date de 1854 (2) ; qu'on y enterre onze mille morts par

______

(1) En 1733, M⁸ʳ de Belsunce accorde aux prieurs de Saint-Pierre d'avoir dans l'église un autel de bois, élevé devant la niche de Notre-Dame de la Nativité, où l'on peut dire la messe.

M. Fabre, desservant de Saint-Loup, en fait la vérification le 1ᵉʳ septembre, au nom de Sa Grandeur.

(2) Le 26 septembre 1855, le nouveau Cimetière fut bénit, avec délégation de M⁸ʳ l'Evêque, par M. Sauvaire, curé de la paroisse.

an, en moyenne ; que les monuments remarquables y sont nombreux, et qu'on peut le comparer justement au cimetière du Père Lachaise de Paris.

Nous en disons autant de l'Asile des aliénés, qui date de 1843 et renferme plus de treize cents pauvres créatures soignées par un nombreux personnel de médecins, d'internes, d'infirmiers, infirmières, sous la direction de plus de trente-cinq religieuses hospitalières de Saint-Augustin. L'établissement a un aumônier interne. Nous recommandons seulement aux artistes la chapelle de l'Asile, où l'on voit une toile de Serre, un des héros de la peste de 1720, représentant la *Résurrection de Lazare.*

Terminons cet article en disant que si Saint-Pierre, qui est distant de 3 kilomètres du centre de la ville, a été, pendant de longues années, mal desservi par les omnibus, aujourd'hui il n'en est pas de même, avec le chemin de fer de l'Est-Marseille, dont les départs ont lieu tous les quarts d'heures, à partir de 6 heures du matin, jusqu'à 10 heures du soir.

Le quartier Saint-Pierre fait partie du sixième

canton, du dix-neuvième arrondissement de police et du septième arrondissement de perception.

NOTA. — *Noms des Prêtres desservants de l'ancienne église, depuis sa fondation, jusqu'à la Révolution française :*

MM. LAVENY, 1628.— MANAIRE, 1638.— BOUIS, 1640.— LAMERNAND, 1644. — BARBAROUX, 1645.— BEAULIEU, 1647.— BELHIEU, 1661.—MAYOL, 1666. — CHAILLON, 1672. — LAMBISER, 1677. — DALMASSY, 1686. — BRUN, 1687. — BARETRE, 1689. — MAUREL, 1690. — DALMASSY, 1692. — DONADIEU, 1699. — BOUNAUD, 1700. — BASSET, 1702. — LEMOTE, 1703. — Interruption par manque de revenus. — RIJAN, 1713. — BAUDIN, 1713. — PINATEL, 1718. — SARDOUCHES, 1719. — MOREL, 1720. — Les Pères HONORÉ, CARVUFFY, 1721. — FRISON, 1722. — ARNAUD, 1723. — CAPEAU, 1724. — SIGNORET, 1724. — PIGNON, 1725 ; il signe : curé. — POUNEVIN, 1738. — GIRAUD, 1740. — GARCIN, 1749. — MELLET, 1765 à 1792.

II

Saint-Jean du Désert

De tous les hameaux et villages compris dans le territoire de Marseille, il n'en est pas un qui, par sa dénomination, soit plus propre que celui de Saint-Jean du Désert à donner une idée fausse de sa situation et de ses agréments. Ce mot de *désert* ne fait-il pas entrevoir des solitudes, des terrains incultes et des rochers infranchissables?

La suite de cette notice prouvera qu'il n'y a, au point de vue de l'assimilation des terrains, aucun rapport entre le quartier de Saint-Jean et un désert. Le quartier ne porte ce nom que parce qu'il a pour patron saint Jean-Baptiste, qui se retira et vécut dans le désert, comme nous le dit l'Evangile.

Le hameau se compose de trois maisons anciennes, placées derrière la chapelle, et de quelques autres constructions, sur le bord du chemin, au nord du sanctuaire, dont elles sont séparées par une sorte de rue ayant de quatre à cinq mètres de largeur.

La chapelle, orientée du N.-O. au S.-E., est bâtie sur un monticule à base calcaire qui fait face à la plus grande partie du chemin vicinal n° 9 qui, à la hauteur de la propriété dite de la Parette, du nom de Dominique Paret, son propriétaire en 1736, prend la dénomination de Saint-Jean du Désert et, formant deux embranchements, se dirige d'un côté sur le village de Saint-Pierre et, de l'autre, sur celui de Saint-Barnabé.

Au-dessous de ce monticule, le chemin continue, au sud, du côté de la Pomme, jusqu'à la rencontre du chemin de grande communication n° 2. Un autre chemin, dit de Saint-Dominique, prend la direction de l'Est en gravissant les collines qui se soudent à celles des Caillols.

Au-devant de la chapelle s'étend une terrasse plantée de deux mûriers de Chine, d'où l'on jouit d'une vue étendue et fort pittoresque. A gauche, apparaissent la ligne du chemin de fer de Toulon et les nombreuses arcades de l'aqueduc de Saint-Pierre et, formant le dernier plan, derrière des collines ombragées de pinèdes, la basilique de Notre-Dame de la Garde. A droite, s'étagent les coteaux verdoyants qui masquent le village de Saint-Barnabé.

La chapelle ne couronne pas le monticule qui supporte le hameau tout entier ; elle s'élève à mi-côte. La façade n'offre aucun cachet monumental ; elle ne présente qu'une porte à arc surbaissé avec moulures ordinaires et, au-dessus, une fenêtre cintrée sans le moindre caractère, qui a remplacé l'œil-de-bœuf primitif. La partie supérieure de la façade décrit une courbe qui repose des deux côtés sur le mur qui, à chaque extrémité, est coupé à angles droits.

L'intérieur est formé d'une nef principale voûtée et d'une petite nef étroite sur laquelle s'ouvrent deux arceaux en plein cintre. Ce bas-côté semble tout d'abord destiné à défendre le restant de l'édifice contre l'humidité que le contact immédiat des terres doit nécessairement lui procurer (1). Le chevet de l'église est carré.

Du côté de l'évangile est placée une petite

____

(1) Vers le haut de cette petite nef se trouvait la chapelle du Rosaire, dont nous parlerons plus loin et, tout à fait au bas, l'autel de Notre-Dame de Bon Secours.

sacristie qui prend jour sur l'espace qui sépare les quelques maisons du hameau. Le sieur Lambert, possédant bien du quartier, a fait construire, en 1769, cette sacristie, qui a coûté 422 livres. M. Amirac, grand Vicaire, a donné la table fermée qu'on a mise à la dite sacristie ; M. Caillol, les tableaux ; et M. Puget, le prie-Dieu. Du même côté de l'évangile, se trouve, dans un enfoncement, près de la porte, une chapelle qui a dû être celle de saint Sébastien et qui, aujourd'hui, est consacrée à saint François d'Assise (1).

Au milieu de la nef principale, se trouve, adossé au mur, l'autel de saint Jean-Baptiste et, en face, du côté du midi, l'autel de la sainte Vierge. Sur l'autel de saint Jean-Baptiste est placée une statue de ce saint, qui ne remonte pas à de bien longues années, car, dans les archives, nous voyons que, vers l'an 1706, maître Jean Richard, étant prieur fit faire à ses frais le petit saint Jean que l'on voit encore aujourd'hui, à la sacristie. M. de Colongue, prévôt de l'église Cathédrale et grand Vicaire, donna la sainte relique qui fut tirée de la Major,

______

(1) La statue de saint François d'Assise, don d'un anonyme, fut bénite le 30 juillet 1876.

et par son ordre, fut mise dans une petite boîte, au piédestal de ce petit saint Jean, pour être exposée à l'église. Cette statue fut bénite, avec la permission de M. le grand Vicaire, par M. Estienne, prêtre desservant. Plusieurs années plus tard, une autre sainte relique de saint Fauste, martyr, fut donnée par M. Ripert et déposée au piédestal de la statue de saint Jean Baptiste ; en 1775, sur la demande de M. Pastoret, desservant, Mgr de Belloy, évêque de Marseille, confirma l'authenticité de cette relique. Le buste de ce petit saint Jean, comme le désignent les archives, fut redoré le 25 septembre 1785 et bénit par M. Prat, prêtre desservant ; il avait toujours au piédestal les reliques ci-dessus désignées. La tradition nous rapporte que les habitants du quartier et des environs avaient une grande dévotion à cette statue, favorisée d'ailleurs par de nombreuses merveilles (1).

Du côté du midi, en face de l'autel de saint Jean-Baptiste se trouve l'autel de la sainte Vierge,

(1) En 1833 et le 11 octobre, Mgr Charles-Fortuné de Mazenod se rend à Saint-Jean du Désert et bénit de nouveau cette statue de saint Jean-Baptiste, redorée.

avons-nous dit. La statue de la Vierge que nous possédons aujourd'hui date du 3 novembre 1833. Elle fut achetée par les propriétaires et bénite par M. Sauvaire, curé de Saint-Pierre. Le maître-autel actuel, avec sa gloire, serait l'œuvre de M. Baille, menuisier à Saint-Loup, qui le fit en 1742.

En 1674, Joseph Fabre fit faire, à ses propres dépens, le grand tableau de saint Jean-Baptiste, auquel il fit poser ses armes et celles de *Mlle* sa femme. Il y avait aussi, dès le principe, dans la chapelle, un autel en l'honneur de sainte Anne et nous voyons qu'en l'année 1737 on célèbre solennellement la fête de sainte Anne, à laquelle les gens du quartier avaient une dévotion particulière. En 1742, un tableau fut donné par M. Paret. Serait-ce celui qui représente saint Louis et qui est beaucoup dégradé ?

Il existait aussi, dans la chapelle, une crèche composée de six figures de cire, grandes et petites, achetées par M. Lombard, prêtre desservant.

Sur le flanc méridional de la chapelle, presque au niveau de la toiture et formant corps avec l'édifice, se trouve une maisonnette aux divisions intérieures étroites. C'est l'ancien presbytère.

Sur la toiture du chevet, dont la hauteur est la même que celle du restant de la chapelle, se montre un campanile fort bas supportant une petite cloche. Tout cela est mesquin et dans un état d'entretien à peine suffisant.

Un poète bien connu, enfant de Saint-Jean du Désert, en a fait pourtant une description délicieuse, tout en ménageant la vérité :

L'église, qu'un cordon de rochers environne,
De la verte vallée est comme la couronne.
Oh ! que de fois l'artiste a saisi ses crayons
Et du soleil couchant épié les rayons,
Quand de ses derniers feux mourants il étincelle
Sur le sommet carré du clocher qui chancelle !
Entrez. Nulle splendeur, point de vastes arceaux,
De piliers de granit, de cierges en faisceaux,
D'ogives, de festons, de vitraux, de treillages,
Ni de preux chevaliers sur leur tombe affaissés,
Ni de saintes de marbre aux yeux doux et baissés ;
Mais quelques *ex voto* de naïve peinture.
Le pavé raboteux, soulevé, sans jointure,
Fait hésiter le pied et brise les genoux.
Eh bien ! fils du vallon, c'est notre église à nous,
Et, sans ciboire d'or, sans rosaces, sans dôme,
On y prie aussi bien qu'à Saint-Pierre de Rome.

(Gaston DE FLOTTE.)

Pour tout Marseillais désireux de connaître les moindres détails historiques, la modeste chapelle de Saint-Jean du Désert doit être sympathique, car c'est là que fut enseveli un des hommes célèbres entre tous par son courage et son dévouement, l'échevin Moustiès, que les biographes s'obstinent à nommer Moustiers.

Mais, avant de justifier l'ensevelissement d'un des héros de la peste de 1720 dans cette église rurale, il faut rechercher par qui et à quelle époque l'édifice a été construit.

Les documents que nous allons produire sont extraits du *Livre de l'Esglize ou chapelle soubz le tistre du glorieux Saint-Jehan au dézert, fondé au cartier de Sartüran,* commencé en 1671. (Archives de l'église de Saint Pierre.)

« L'an 1638 et le 11 août, par acte notaire Prat, « noble Benoit Monier fit donation d'un coin « de sa pinède au cartier de Sarturan, pour y « bastir et édiffier une église tirant au chemin « de la Pomme. »

Dans le premier acte de prix-fait qui n'eut pas son effet, on lit ceci :

« L'an 1639 et le jour 29 de juillet, après-midi,

« a été en personne devant moi notaire royal et
« témoins soub-nommés, Jehan Chiousse, maî-
« tre-maçon de cette ville de Marseille, lequel a
« promis et promet par ces présantes aux possé-
« dants biens au cartier de *Sarturan*, terroir de
« cette dicte ville, de faire à prix-fait une cha-
« pelle sive petite église qu'ils font dessains estre
« soubs le tistre du glorieux Jehan-Baptiste dans
« le dézert...... » (Notaire Lobet.)

Nous ignorons les motifs qui empêchèrent
alors la construction de l'église ; mais de longues
années s'écoulèrent avant qu'on mît la main à
l'œuvre, et ce n'est que le 15 janvier 1664, que
Antoine de Monier, fils dudit Benoit, notifia le
dit acte.

Cette fois les travaux eurent lieu. Les habitants s'étaient, au préalable, mis en règle sous
tous les rapports, ainsi que le témoignent les
deux pièces ci-après :

« L'an 1667 et le 20 avril, Joseph Cordels,
« prêtre, docteur en théologie, prieur de Saint-
« Michel, Vicaire général et official de l'Ill. et
« Rev. Estienne de Puget, évêque de Marseille,
« faisant droit au comparant des habitants du

« quartier de Sarturan, du 19 février 1667, per-
« met aux dits habitants de construire la dite
« chapelle. »

« L'an 1667 et le 25 du mois d'avril, après-
« midi, par devant moi, notaire royal, soussigné,
« et témoins soussignés, Jean-Estienne Chieusse,
« maître-masson de cette ville de Marseille, de
« son gré a promis et promet par ces présentes
« aux possédants biens au cartier de Sarturan à
« ce présent, sieur Guilhaume Betreille et Antoine
« Darnaud, bourgeois y demeurant, stipulant
« tant pour eux que pour les autres absents,
« savoir est de leur faire une chapelle sive petite
« église qu'ils font dessein être sous le titre du
« glorieux Saint-Jean-Baptiste dans le dézert et
« dans la propriété dudit sieur Darnaud, qu'il
« lui a plu et a eu la bonté de donner au
« dit quartier, à la prière des dits possédants
« biens, joignant la pinède du sieur Anthoine
« Monier, escuyer. — La dite chapelle aura 30
« pans de long et 20 pans de large. » *(Notaire*
« *Lobet.)*

Les travaux furent exécutés jusqu'au bout,
puisque, le 19 septembre 1668, Chieusse donna

quittance de la somme de 480 livres, montant de la construction (1).

Les petits documents qui suivent ne sont pas dénués d'intérêt, car, outre ce qui est relatif à l'église elle-même, on y trouve deux noms servant à donner la clé de quelques faits.

« 1673. — Il a été fait une tombe à la dite
« chapelle, par le sieur Claude Bonin et François
« d'Aypin, prieurs de cette présente année, des
« aumônes qu'ils ont recueillies de Messieurs
« Beseille, Just, Fabre, Masserat et Mesdemoi-
« selles de *Moustier*, de Médecin, Nicolas
« Beaumont, Brunet, Madame Citrany, Made-
« moiselle Darnaud et bien autres que la charité
« a inspiré. »

« L'an 1708 on a fait faire une cloche qui
« pèse un quintal et sept livres et demie, à 18
« sols la livre. Pour le payement on a donné
« au fondeur 10 esculs que feu Mademoiselle
« Dolinier avait légué à Saint-Jean depuis quel-
« ques années et on paya le reste d'une queste

(1) L'église fut bénite le 24 juin 1668, par M. le prévôt du Bausset, Vicaire général official, le siège épiscopal vacant.

« qui se fit par le soin de Monsieur *Clarissi* et
« de Monsieur Just. Maistre Sause, masson de
« Saint-Barnabé, a fait tout le clocher gratuite-
« ment. La cloche fut bénite par Mons. Estienne,
« le prestre du quartier, le jour de la Sainte-
« Trinité, 3 juin de la même année. Le parrain
« et la marraine de la cloche furent : Monsieur
« Fabre, conseiller du Roy, et Madame de
« Sitrani et tout ce qui fut donné pour étrenne
« fut employé pour le paiement de la cloche. »

Le nom de Moustiès n'a été cité qu'une fois, à
propos de la fondation d'un caveau ; mais, en
l'année 1728, le registre de la paroisse le men-
tionne continuellement.

Moustiès était alors retiré dans sa maison de
campagne de Saint-Jean (1).

« Monsieur de *Moustier* a fait faire la marche
« près de l'autel, ensuite le tableau au-dessus du
« maistre autel et fait réparer le tableau de saint

---

(1) Un Moustiès se trouve désigné, dans les archives de
Saint-Pierre, comme bienfaiteur et prieur de l'église de ce
quartier, de 1736 à 1737.

Serait-ce l'échevin ? Nous le pensons.

« Jean (1) ; de plus il a donné une pièce d'estofe
« d'or dont on a fait une estole. Lantrée de la
« porte a esté faite presque toute par M. *Mous-*
« *tier* et le reste par Monsieur Parey. Un nœuf
« despée d'argent a esté donné par Monsieur de
« *Moustier.* » (Folio 32, verso.)

« Monsieur le chevalier de *Moustier* a donné
« dans lannée 1728 un derais (dais ?) pour le
« saint sacrement, rouge et vert, une estole d'or ;
« plus à la Sante Vierge un chapelet avec un
« médaille d'argent, un nud despée d'argent ; un
« nœud deud de cane, un scapulaire a ruban
« bleu, un petit portrait à reliquaire.» (Folio 30.)

Est-ce à Moustiès que l'on doit l'agrandissement de l'église de Saint-Jean? Nous ne saurions
le dire ; dans tous les cas, le doute doit être
signalé.

Cependant, dans la supplique qui fut adressée à
Mgr l'Evêque pour obtenir cet agrandissement

---

(1) Le tableau donné par M. Moustiès est celui de la
Vierge du Rosaire, primitivement derrière le maître-autel,
aujourd'hui placé vers le haut de la petite nef de la chapelle.

Le tableau de saint Jean, donné par M. Fabre et réparé
aux frais de M. Moustiès, est actuellement à sa place natu-
relle, derrière le maître-autel.

nécessité par le nombre des habitants et par le concours des pèlerins dévoués au glorieux saint Jean-Baptiste, le nom de Moustiès ne s'y trouve pas. Nous voyons signés : Thorame, Sébastien Olive, François Olive, Cabanes de Rigord de Marguery, Mlle Audibert, Reboul, Fabre Dominique, Paret, Fourrat, Jérôme Lyon, Pierre Giraud, Pierre Leutaud, Giraud fils, Joseph Mouraille « lesquels ont consenti à la « batisse de deux chapelles ; s'étant pourtant « réservé le droit de faire une tombe commune « pour le quartier à la chapelle du sieur Olive « Sébastien (1), » qui, dans la circonstance, se distingue, entre tous les autres, par sa générosité.

Néanmoins M. de Moustiès, comme beaucoup d'autres bienfaiteurs ordinaires de l'église qui ne sont pas non plus désignés dans la supplique, ont dû, à notre avis, contribuer à cet agrandissement par leurs conseils et leurs largesses.

1736. — 29 septembre. L'évêque commet « messire Chapus, prêtre de la Pomme, pour

____

(1) Lors des réparations qui eurent lieu, il y a quelques années, on a trouvé, à cette petite chapelle, aujourd'hui dédiée à saint François d'Assise, une quantité d'ossements humains.

« vérifier les chapelles que les habitants de Saint-
« Jean viennent d'ajouter à leur église. »

Ce prêtre, « le 5 octobre suivant, ayant trouvé
« lesdites chapelles finies et dans la décence con-
« venable, procède à la bénédition d'icelles ;
« l'une sous le titre du Saint-Rosaire et l'autre de
« Saint-Sébastien. »

Mais l'âge est arrivé. Moustiès meurt dans sa
propriété de Saint-Jean. Des membres de sa
famille ayant contribué à construire un caveau
dans son église et, l'ancien échevin ayant été un
des bienfaiteurs de cette église, les habitants se
font un devoir de l'y ensevelir.

L'acte de décès, retrouvé par M. Félix Timon-
David, dans le registre mortuaire de Saint-Jean
du Désert, ne laisse aucun doute sur l'endroit où
repose ce héros de l'abnégation personnelle.

« L'an que dessus (1751) et le 6 octobre, est
« mort M. le chevalier Jean-Pierre de Moustiès,
« du quartier de Saint-Barnabé, âgé de 77 ans,
« et a été enseveli dans l'église de ce quartier de
« Saint-Jean, le 7 dudit mois, en présence des
« prieurs soussignés et de Jean Durbec, qui a
« fait sa marque, ne sachant écrire. »

Le caveau dans lequel Moustiès repose a été creusé au milieu de la chapelle et il est scellé par une pierre d'assez petite dimension.

D'après le dire de M. Gaston de Flotte, qui se rappelait avoir vu dans son enfance ce caveau ouvert, probablement à cause de quelque réparation urgente, plusieurs corps y auraient été déposés *debout*. Nous ne saurions affirmer s'il en est ainsi pour les restes de Moustiès.

Nous n'avons plus grand'chose à dire de l'église de Saint-Jean ; nous savons seulement que, succursale de Saint-Martin, dès 1697 (1), elle servit régulièrement pour les exercices du culte jusqu'à la Révolution. Une note isolée, retrouvée dans les archives de Saint-Pierre, est ainsi conçue :

« D'après les titres des possédants biens de

(1) L'église de Saint-Jean du Désert fut érigée en paroisse succursale par Mgr de Cicé, comme il conste par un décret de circonscription générale du diocèse, à la date du 1er mai 1803. Mais cette érection ne tira pas à effet.

La dite succursale de Saint-Jean fut plus tard supprimée et réunie, comme annexe, à la succursale de Saint-Pierre placée dans la paroisse de Mazargues, par un second décret de circonscription du même archevêque, à la date du 1er octobre 1808. (*Archives de l'archevêché d'Aix.*)

« Saint-Jean du Dézert qui constent et prouvent
« que cette chapelle leur appartient, le Départe-
« ment des Bouches-du-Rhône, par arrêté pris
« à ce sujet, le 16 may 1792, les autorise à
« garder ladite propriété et à faire continuer le
« service de ladite église. »

Signé, à l'original :

(Pour copie)   ENAVENT, président,

DESCENE, secrétaire général.

La chapelle est demeurée la propriété des
habitants jusqu'au Concordat, époque à laquelle
elle fut annexée, avec le quartier de Saint-Jean, à
la paroisse de Saint Pierre. Aujourd'hui, c'est la
fabrique de Saint-Pierre qui en est propriétaire et qui l'administre. Les dimanches et jours
de fêtes solennelles, la messe est dite par un
prêtre attaché à la paroisse de Saint-Pierre (1).
M. le curé lui-même se fait un devoir d'y aller
célébrer, au moins une fois, chaque mois.

---

(1) La chapelle de Saint-Jean fut livrée au culte le 6
octobre 1833 par ordonnance de Mgr l'Evêque du 4. Le 5
elle avait été réconciliée, bénite par M. Sauvaire, curé de
Saint-Pierre. Les habitants du quartier l'avaient réparée et
meublée.

On ne voit guère d'étrangers venant faire leurs dévotions dans le sanctuaire, que le jour de la Nativité de saint Jean-Baptiste et le jour du Saint-Rosaire. Les offices, pour ces fêtes-là, y sont célébrés, matin et soir, avec la plus grande solennité.

La confrérie du Saint-Rosaire fut établie dans la chapelle le 30 septembre 1733, par ordonnance de Mgr l'Evêque. Elle était administrée par des prieurs sous la direction du prêtre desservant et comptait plus de 72 membres, hommes ou femmes.

Du reste, la dévotion au Saint-Rosaire a été, dès le commencement, en honneur dans cette église, où l'on a vu de tout temps une statue de la Vierge du Rosaire.

En 1750, certaines difficultés étant survenues entre les prieurs de l'église et les prieurs de la confrérie du Rosaire, il fut décidé, par Mgr l'Evêque de Marseille, que les prieurs de l'église seraient de droit prieurs du Saint-Rosaire.

Les prieurs ou marguilliers étaient nommés annuellement par les habitants du quartier et cette nomination avait lieu le plus souvent sur la place qui est devant la chapelle. Quelquefois aussi, cette élection se faisait dans l'église ou au presbytère.

Nous constatons, dans les registres, que les prieurs ou marguilliers, choisis d'ordinaire parmi les notables de Saint-Jean, viennent souvent en aide pour subvenir aux frais du culte, pour payer le prêtre et même pour procurer quelques réjouissances populaires, mais honnêtes.

Le traitement du prêtre desservant était de 120 livres par an, plus la quête, en pain et en vin, plus les deniers de l'offrande de la messe (1).

Voici les noms des prêtres desservants de la chapelle de Saint-Jean du Désert, depuis la fondation jusqu'à la Révolution française :

1er   FARNARIER.
2e   AUDOIR.
3e   COMPAGNON, 18 juin 1681.
4e   ESTIENNE, 30 novembre 1705.
5e   GIRAUD, 1er janvier 1716.
6e   LOMBARD, 24 mai 1735.

(1) Le traitement était le même, à peu près, pour le prêtre desservant de l'église de Saint-Pierre.

7ᵉ   MARTIN, 3 novembre 1742.
8ᵉ   ARNOUX, 14 août 1746.
9ᵉ   GUEZ, 7 mai 1749.
10ᵉ   AUGIER, 1759.
11ᵉ   PASTORET, 27 juin 1768.
12ᵉ   PORTE, 21 janvier 1779.
13ᵉ   PRAT, 17 octobre 1784.

Ce dernier mourut en 1815, sur la paroisse Notre-Dame du Mont, âgé de 72 ans.

Deux faits termineront la chronique religieuse de Saint-Jean :

Le premier, c'est la Mission qui fut donnée le 9 décembre 1736, par les Messieurs de la Mission de France, au nombre de deux, aidés d'un prêtre auxiliaire du nom de Payramy, aumônier des forçats malades.

Le supérieur de la Mission était M. Bessière, de Pertuis ; son second, M. Pélegrin, de Saint-Remy, envoyés par Mˢʳ l'Evêque de Marseille.

M. Bessière, âgé de 60 ans, prêchait et confessait ; M. Pélegrin prêchait seulement et M. Peyramy, leur auxiliaire, confessait.

Il y avait sermon matin et soir et un jour de repos par semaine.

Les exercices durèrent jusqu'au 30 décembre et furent clôturés par Mᵍʳ de Belsunce, en visite du quartier. Sa Grandeur fut reçue par la population avec de grands témoignages d'honneur, de respect et de vifs sentiments de joie.

Le deuxième, c'est la neuvaine de prières qui fut faite en 1737 pour obtenir la pluie ; on donna la bénédiction du saint sacrement, matin et soir, en vertu d'une permission accordée par M. le grand Vicaire de Caux ; et, à l'issue de la neuvaine, on fit bâtir un oratoire dont les habitants du quartier fournirent la pierre, et les riches posssédants biens, le reste, avec une croix en fer au-dessus de la toiture. Où se trouvait cet oratoire ? Nous l'ignorons ; nous ne pouvons faire que des conjectures à ce sujet.

Le grand christ qui est encore dans l'église date certainement de la Mission de 1736.

Quant à la chaire qui est adossée au mur de la sacristie, il n'en est pasfait mention dans les archives. Sa construction remonte tout au plus au commencement du siècle dernier ; elle ne manque pas d'un certain cachet.

Le nom de Saint-Jean du Désert est fort connu

des collectionneurs de faïences. Entre autres pièces importantes, on peut citer deux plats datés et fort beaux, qui témoignent de l'existence d'une fabrique à Saint-Jean du Désert et contredisent formellement ce qu'on lit dans le *Tableau historique de Marseille*, publié en 1789 :

« Les fabriques de faïence sont très modernes « à Marseille, est-il dit dans cet ouvrage. Il n'y a « pas quarante ans qu'on ne connaissait pas la « manière d'y appliquer toutes les riches cou-« leurs dont on l'a embellie. La faïence de Mar-« seille forme à présent une des branches de son « commerce. »

Vers la fin du XVIIe siècle, l'art de fabriquer la faïence était, au contraire, très développé à Marseille et à Saint-Jean du Désert surtout, Les deux plus beaux produits connus appartenaient naguère, l'un à M. Davilliers, de Paris, l'autre à feu Mortreuil, de Marseille.

M. Alfred Saurel nous dit que le plat de M. Davilliers portait la marque de fabrique ainsi conçue : *A. Clerissy, à Saint-Jean du Désert, 1697, à Marseille.*

Toujours d'après le même, la pièce qui était,

avant sa dispersion, un des objets les plus rares de la collection Mortreuil, consiste en un plat octogone à lambrequin, style Berain, portant par derrière ces mots : *Saint-Jean du Désert.*

Le même collectionneur possédait le plat de faïence le plus ancien connu jusqu'à ce jour. Il est de très grandes dimensions, genre persan, camaïeu bleu et violet, style oriental, avec l'inscription : *Marseille, 1681.*

Mortreuil pensait que cette belle pièce a été fabriquée à Saint-Jean du Désert aussi bien que la plupart des seize autres plats de provenance marseillaise qui figuraient avec avantage dans sa riche collection, et parmi lesquels on remarquait cinq grands plats, dont deux avec les armoiries des familles Cypriani et Dubois, de Marseille, et deux plateaux à lobes.

Antoine Clerissy, qui a signé le plat mentionné plus haut, était bien habitant de Saint-Jean du Désert et fabricant de faïence. C'est ce que prouve un acte de baptême que l'on peut retrouver facilement dans les registres de l'état civil de Saint-Jean du Désert ; acte qu'il a signé comme témoin, en s'intitulant maître faïencier.

Ce nom de Clerissy se trouve également parmi ceux des habitants de Saint-Jean qui, en l'année 1708, firent la quête pour l'achat de la cloche de l'église du quartier.

Il nous a été dit que M. André Maurin, qui a sa maison de campagne à Saint-Jean du Désert possède plusieurs pièces de faïence signées : Clerissy. De plus, nous lisons dans les archives que le qualificatif de potier est donné à certains bienfaiteurs de la chapelle.

Ce qui paraîtra singulier, en présence de preuves aussi certaines, c'est que, de nos jours, on ne retrouve dans les environs aucune trace des anciennes fabriques, ou, si l'on préfère, de l'ancien atelier. Il semble, pourtant, que l'on devrait découvrir sans difficulté des amoncellements de débris sur quelque point du territoire.

Jusqu'à présent les recherches ont été infructueuses. M. Gaston de Flotte lui-même a vainement tenté de retrouver les traces de l'usine de Clérissy. Aussi est-ce avec de grandes réserves qu'il a donné quelques renseignements à ce sujet.

Nous pensons avec lui que la fabrique se

trouvait dans un pli de terrain compris entre le chemin de la Parette et la chaussée du chemin de fer, tout près de l'endroit où le premier passe sous le second, pour rejoindre la grande route de la Pomme, à trois cents mètres au plus de la chapelle de Saint-Jean.

Il y a peu d'années qu'on voyait dans ce creux une fabrique de tuiles ; mais le banc d'argile d'où l'on extrayait la matière première ayant été épuisé, la tuilerie a été abandonnée et remplacée par une porcherie (1).

Revenons à Saint-Jean du Désert qui, du point dont nous parlons, ne peut s'apercevoir, ses sept à huit maisons étant masquées par la colline.

« Mais, quelque modeste que soit ce hameau,
« écrivait, en 1855, M. Marius Chaumelin,
« quelque indifférence qu'il inspire aux archéo-
« logues, c'est peut-être, de toute la banlieue,
« celui qui offre les souvenirs les plus aimables
« et les plus gracieux à la fois. Bien souvent cet
« humble vallon a été visité par des poètes, par

(1) En 1680, il y avait dans ce quartier une fabrique de tuiles appartenant à M. Fabre, bienfaiteur de la chapelle.

« des artistes et, ce qui surprendra le plus, par
« des têtes couronnées. La muse semble s'être
« complu dans cette solitude charmante et y
« avoir fait élection du domicile. »

C'est à Saint-Jean du Désert, à quelques pas
de l'église, que se trouve la bastide du poète
Gaston de Flotte, celle-là même que posséda et
qu'habita durant de longues années Lantier. En
huit vers, l'auteur des *Vendéens* a fait l'histoire
de l'auteur des *Voyages d'Anténor* :

Ici, d'Anacréon suivant le doux génie,
Digne héritier des luths de la molle Ionie
Que lui léguaient Bernard, Saint-Aulaire et Chaulieu,
Lantier des anciens jours fut le dernier adieu.
C'est ici qu'Anténor cueillait pour sa bergère (1)
Des bouquets embaumés d'une rime légère
Et que, semant de fleurs ses faciles leçons,
Il disait ses amours, fredonnait ses chansons.

Autant par respect pour le passé que par
amour de la simplicité, M. Gaston de Flotte a
fait peu de changements à la bastide de son
grand-oncle. Sauf une plantation de pinède et

---

(1) Sa bergère était la jeune et belle Mme Villet, son épouse
légitime.

quelques aménagements pour l'arrosage, la disposition des lieux a peu changé. Si le romancier revenait en ce monde, il retrouverait la *tèse* qu'il nomma : « l'allée d'Anténor » ; et sur la terrasse, qu'ombragent des ormeaux vigoureux, il reconnaîtrait sa fontaine : *Fons Antenoris.* Il y verrait seulement en plus, au-dessus de la conque dans laquelle coule toujours une eau fraîche et limpide gravé sur le marbre, un distique charmant improvisé par un ami du maître du logis, M. A. Dethou, à la fois musicien, astronome et littérateur :

> *Ridenti in concha similis fluit unda poesi:*
> *Hæc animi placat, corporis illa sitim.*

La vie d'Etienne-François de Lantier, né le 1ᵉʳ octobre 1734, mort le 31 janvier 1826, fut quelque peu orageuse et remplie d'incidents romantiques.

Ce n'est qu'à l'approche de la cinquantaine qu'il commença à s'occuper sérieusement de littérature. Il composa son *Anténor*, après le 9 thermidor, retiré à sa campagne de Saint-Jean du Désert.

En passant entre les mains de l'auteur des

Vendéens, la bastide de Saint-Jean du Désert a conservé dans toute sa suavité le parfum littéraire que les poètes les plus aimés de notre époque ont répandu au loin ; les écrivains les plus distingués sont allés passer des heures délicieuses avec l'aimable *ermite.* Il suffira de citer quelques-uns des personnages qui se sont assis à la table du poète : Lamartine, Barthélemy, Méry, Reboul, Joseph Autran, Bayle, Dethou, Mistral, Audin, l'éminent historien Roselly de Lorgues, etc. Sainte-Beuve écrivait (1868) :

« J'ai le regret de n'avoir pas fait, moi aussi,
« le pèlerinage du *Désert.* — A travers ce qui
« sépare, la poésie est un milieu qui, pour moi,
« du moins, a toujours son charme, et que je ne
« serai jamais le premier à rompre. »

Les noms de Moustier, de Lantier et de Gaston de Flotte assurent, pour longtemps à Saint-Jean du Désert une notoriété du meilleur aloi. Mais quelques particularités spéciales s'attachent à d'autres propriétés et maisons de campagne du quartier.

Immédiatement au-dessous de l'église, on montre une bastide qui fut autrefois la propriété d'Antoine d'Anthoine, baron de Saint-Joseph.

Elle est arrosée par une source abondante qui est amenée par un aqueduc creusé dans le rocher qui supporte le hameau de Saint-Jean.

Au nord du hameau on aperçoit une autre bastide qui appartenait, en 1736, à la famille de Mouraille, maire de Marseille (1) pendant la Révolution, ce savant secrétaire perpétuel de l'Académie de sa ville natale, si passionnément dépeint par Lautard, dans ses *Etudes historiques*.

A peu de distance de la bastide Lantier-de Flotte, se cache la maison de campagne largement ombragée, remplie de fleurs et arrosée par des sources abondantes, qui reçut, le 3 décembre 1840, la visite de Marie-Christine de Bourbon, mère régente d'Espagne.

Non loin de là, enfin, on montre une autre bastide aux belles eaux et aux frais ombrages que l'on dit avoir abrité la famille Puget, à l'époque où celui qui devint le célèbre sculpteur commen-

----

(1) Le nom de Mouraille revient quelquefois dans nos archives. Un Mouraille fut prieur de la chapelle en 1672 ; et, en 1750, un autre Mouraille est désigné comme étant un des principaux possédants biens. Ils font certainement **partie de la même famille.**

çait à peine à manier le ciseau. Nous ne savons si telle est la véritable origine du nom de la *Pugette*, l'auteur d'*Andromède* étant né dans le quartier de l'Estaque. Ce qui nous paraît moins contestable, c'est que le fronton de la chapelle domestique de M. Gaston de Flotte, représentant le baptême de Jésus-Christ par saint Jean-Baptiste, a été sculpté par Pierre Puget. L'incorrection du travail permet de supposer que c'était son premier essai.

La campagne des Citrany, bienfaiteurs de la chapelle, appartient aujourd'hui à M. André Maurin, si généreusement dévoué aux églises de Saint-Jean et de Saint-Pierre. C'est, sans contredit, la plus belle et la plus riche campagne du quartier, avec ses beaux ombrages, ses plantes rares, sa pinède et ses eaux abondantes de sources.

La campagne des Paret, autres bienfaiteurs de Saint-Jean du Désert, est la possession de la famille Bérengier, si zélée pour les intérêts des quartiers de Saint-Jean et de Saint-Pierre. Cette campagne, si bien entretenue, jouit d'une perspective ravissante.

Comme on le voit, les souvenirs de tous genres animent le vallon de Saint-Jean du Désert. La fertilité et la fraîcheur de ces bastides et le pittoresque des coteaux qui l'entourent leur donnent un corps. Le tout produit un harmonieux ensemble.

La population de Saint-Jean du Désert est de 150 à 200 habitants. Elle devait être plus considérable avant la Révolution.

Le quartier de Saint-Jean fait partie du sixième canton, du dix-huitième arrondissement de police et du neuvième arrondissement de perception. Il est distant de 5 kilomètres du centre de la ville.

III

La Timone

L'histoire de ce quartier sera courte, puisqu'il ne remonte qu'à cinquante ou cinquante-cinq ans au plus.

Il tire son nom du propriétaire du terrain sur lequel il a été bâti et qui appartenait à la famille

Timon-David, si honorablement connue à Marseille (1).

Après l'établissement de l'Asile des aliénés en 1843, ou même un peu avant, on a ouvert des boulevards, du côté du midi de l'Asile, dans la campagne Timon-David ; et ces boulevards se sont construits peu à peu, de telle sorte qu'aujourd'hui ce que nous appelons la Timone forme une agglomération assez importante d'environ 7 à 800 habitants.

D'un accès difficile jusqu'à ce jour, la Timone communique aujourd'hui avec Saint-Pierre par un large boulevard que les instantes pétitions des habitants du quartier ont obtenu et qui vient aboutir directement à laporte du Cimetière des protestants.

Nous ne doutons pas qu'ayant plus de facilités pour se rendre à Saint-Pierre, les habitants de la Timone ne soient heureux de fréquenter plus régulièrement leur église et d'envoyer aussi plus fidèlement leurs enfants à nos écoles.

(1) De cette famille, était le vénérable et regretté chanoine Timon-David, né en 1823, ordonné prêtre en 1846, fondateur de l'Œuvre de la Jeunesse pour la classe ouvrière (boulevard de la Madeleine, 88 A).

Le quartier de la Timone fait partie du sixième canton, du dix-neuvième arrondissement de police et du septième arrondissement de perception. Il est distant de 2900 mètres du centre de la ville.

CHAPITRE II

Des Curés et des Vicaires depuis le Concordat

I

Des Curés

On en compte dix, de 1803 à 1897 :

1. — Mottet, Gabriel-Joseph (1803 à 1823).

Né à Livourne le 9 novembre 1749, fut le premier curé chargé de l'administration de la paroisse, après le Concordat. Il avait été sous-sacristain chantre à la Major, en 1790.

Le presbytère étant par trop insuffisant, peu convenable et peu sain, il fut obligé de se loger ailleurs ; comme il avait une campagne sur le territoire de Saint-Barnabé, il s'y établit et de là il venait, chaque jour, remplir les fonctions de son ministère à Saint-Pierre.

Il fut frappé, en chaire, d'une attaque d'apoplexie, en faisant le prône ; depuis lors, devenu infirme, il resta chez lui et mourut quelques années après, le 26 octobre 1827. Il avait été remplacé à Saint-Pierre, au commencement de l'année 1823, par M. l'abbé Isnard.

II. — ISNARD, Jean-François (1823).

Né en 1796, ne fut que fort peu de temps curé de la paroisse ; il n'y prit même pas pied ; il faisait son service de Saint-Barnabé où il logeait, auprès du vénérable curé Audric, mort depuis chanoine titulaire de la Cathédrale de Marseille.

Après quelques mois, l'abbé Isnard fut nommé curé de la Pomme vers la fin de l'année 1823, et il est mort en 1887, ayant reçu, quelques années auparavant, le camail de chanoine honoraire.

III. — AVRIL, Antoine-Joseph (1823 à 1824)

Il succéda à M. Isnard vers la fin de l'année 1823.

Né à Manosque le 3 mai 1751, fut successiment recteur de Saint-Loup, le 6 mai 1803,

vicaire de Saint-Victor le 12 août 1806, recteur
de Saint-Pierre, aumônier de la Grande-Miséri-
corde, et mourut à Marseille le 18 juin 1830.

Déjà avancé en âge quand il prit la direction
de la paroisse, il se choisit un logement convenable à la campagne Fabricy.

Malgré le peu de temps qu'il resta à Saint-
Pierre (il fut changé en 1824), il trouva le moyen
de faire à l'église quelques améliorations, notamment un autel et une chaire, de fort mauvais
goût, il est vrai ; mais il avait beaucoup fait, car
la paroisse, à cette époque, n'offrait que fort peu
de ressources.

IV. — CHIESA (1824 à 1825).

M. l'abbé Avril fut remplacé par M. Chiesa,
prêtre italien, précédemment curé au Plan-de-
Cuques.

Cette nomination fut faite par Mᵍʳ Charles-
Fortuné de Mazenod, depuis peu sur le siège
épiscopal de Marseille rétabli.

A cette époque, une retraite en forme de Mission fut donnée, dans la paroisse, par un digne

prêtre, appelé Coulomb, mort le 14 mai 1851, vicaire de la paroisse Saint-Joseph à Marseille, à l'âge de cinquante-deux ans.

Ce prêtre était secondé, dans ces saints exercices, par le zéle de M. l'abbé Caillol, propriétaire à Saint-Pierre, alors sous-diacre et devenu plus tard Vicaire général du diocèse.

Cette retraite fit beaucoup de bien et ce fut pour en conserver les heureux fruits, que M⁔ l'Evêque, dans sa sollicitude, crut devoir changer le vieux M. Chiesa, dont on comprenait peu le langage. Il reçut sa nomination pour la rectorerie du Rouet en 1825.

Ce fut M. l'abbé Sauvaire qui lui succéda.

v. — Sauvaire, François-Clair (1825 à 1864).

Né en 1799, ordonné prêtre en 1825. M. l'abbé Sauvaire fut nommé curé de Saint-Pierre le 1ᵉʳ juillet 1825 ; mais il ne prit possession que le 1ᵉʳ août.

Ce fut le vénérable M. Carle, chanoine de la Cathédrale de Marseille et curé de Saint-Ferréol, qui fut chargé de présider la cérémonie.

Les premiers frais d'installation furent onéreux. Comme il n'y avait ni presbytère, ni possibilité de trouver un logement convenable dans le quartier, le nouveau curé se vit obligé de se loger à la campagne, au prix de 400 francs ; et cela dura plusieurs années.

Enfin, vers l'année 1830, la Ville se chargea du loyer et finit par devenir propriétaire d'une maison dans le village pour en faire l'habitation du curé. Cette maison sert aujourd'hui de bureau de police.

A cette époque, le cimetière de la paroisse était contigu à l'église. Ce cimetière très petit, insuffisant pour la population, sur la voie publique en quelque sorte, avait l'inconvénient d'être adossé, à la hauteur de plus d'un mètre, contre le mur à l'est de l'église. Ce qui entretenait une humidité telle, que rien ne pouvait se conserver du mobilier.

Dès l'année 1827 et le 1er octobre, une demande en bonne et due forme fut faite à la Ville de livrer à la paroisse un coin de terre, dans la propriété Roux-La Beaume. Cette propriété venait d'être vendue pour y établir l'Asile des aliénés. C'était là que la Fabrique de Saint-Pierre demandait d'établir son cimetière.

Ce projet ne fut point rejeté par l'Administration municipale ; mais il fallut attendre plusieurs longues années pour obtenir ce que la Fabrique demandait avec tant d'instance.

Enfin, en 1835, le transfert des corps put avoir lieu dans le cimetière qui devait servir aussi à l'Asile des aliénés, à Jarret.

La paroisse y enterrait ses morts, lorsque, la Ville ayant fait l'acquisition du grand Cimetière actuel, celui qui était contigu à l'église et celui de Jarret furent interdits. Plus tard, les corps ensevelis dans le cimetière de l'église furent transportés dans le grand Cimetière, ainsi que les terres dont le déblaiement procura un jardin attenant à l'église. En 1866, les corps du cimetière de Jarret furent transportés aussi dans le grand Cimetière (1).

La grande préoccupation de l'abbé Sauvaire

(1) Dans la nuit du 28 au 29 octobre 1853, des malfaiteurs s'introduisirent dans l'église par escalade et par effraction ; et, sans respect pour le lieu saint, enfoncèrent la porte du maître autel, brisèrent celle de l'autel de la Sainte Vierge

fut la construction d'une nouvelle église. Qui dira les démarches faites par lui pour atteindre ce but? Rien ne le décourageait et ce prêtre, dont la science, certes, n'était pas de premier ordre, savait trouver des arguments que l'on ne pouvait réfuter et qui devaient nécessairement aboutir.

Le 25 août 1855, il adresse à M. le Maire de Marseille une lettre bien documentée, de nature à provoquer une solution immédiate.

En réponse à cette lettre, M. le Maire fit dresser par M. Sixte Rey, architecte de la Ville, le plan de la nouvelle église et le devis de la dépense. Une année s'écoula pour ce travail. Lorsque le

ainsi que la porte d'un tabernacle déposé dans la sacristie, renfermant les saintes huiles.

Les voleurs, après avoir répandu les hosties sur le maître-autel et détaché celle qui était dans la custode, s'emparèrent du ciboire et de la custode en vermeil, de la *crémière* dorée dans laquelle étaient deux topettes en argent, qui contenaient l'huile sainte du baptême.

Tous les troncs de l'église furent brisés et vidés, les armoires de la sacristie enfoncées ; l'argent qui s'y trouvait fut également enlevé, à l'exception de celui du bassin des âmes du Purgatoire.

Quatre cents francs furent souscrits par les paroissiens pour réparer les dégâts et un secours de 800 francs fut demandé à la mairie, à cette fin.

plan fut achevé, la Ville se trouvant obérée, M. le Maire ne jugea pas convenable de demander l'exécution d'un projet qui s'élevait à la somme de cent vingt mille francs.

En 1857, sur la demande de M. le Maire, un nouveau plan d'église lui fut présenté. Ce nouveau plan ne s'élevait qu'à la somme de soixante-dix-huit mille francs. Mais, encore cette fois, il y eut arrestation sur un projet d'exécution immédiate. Il fallut attendre qu'un emprunt de quatorze cent mille francs, que la Ville demandait, eût été approuvé et souscrit, pour voir revenir le projet d'exécution.

En 1858, le 28 janvier, M. le maire fit appeler M. l'abbé Sauvaire et lui annonça qu'il allait s'occuper sérieusement de sa demande. Enfin, le 3o août 1858, sur le rapport présenté à MM. les conseillers municipaux par M. Martin-Bruno, conseiller municipal, il fut décidé qu'une nouvelle église serait construite à Saint-Pierre, d'après les plan et devis présentés par l'architecte de la Ville, et que la dépense s'élèverait à cent vingt mille francs.

Le 2 septembre, M. l'abbé Sauvaire et ses

fabriciens vinrent remercier M. le Maire de l'initiative qu'il avait daigné prendre pour la réussite de cette affaire.

L'enquête fut affichés le 22 septembre ; le 13 octobre, l'enquête terminée, les pièces qui concernaient la construction de l'église furent déposées à la préfecture ; et, du 12 au 15 novembre 1858, l'approbation de M. le Préfet fut donnée.

Les premiers travaux de construction ne purent commencer que dans les premiers mois de l'année 1859.

Le 13 juin 1859, ainsi que nous l'avons dit ailleurs, la première pierre de l'église fut posée par Mgʳ Charles-Joseph-Eugène de Mazenod, évêque de Marseille.

Vers les 5 heures et demie du soir, Sa Grandeur se rend à la campagne Guieu, où un nombreux clergé et l'autorité municipale l'attendaient.

En descendant de voiture, Mᵍʳ l'Evêque est reçu par le curé de la paroisse et par les membres du Conseil de Fabrique, aux sons harmonieux d'une musique que M. Taurel, curé de Sainte-Marguerite, avait amenée avec lui pour la circonstance, à la prière de M. Sauvaire.

Le vénérable prélat, après avoir adressé des paroles pleines d'affabilité et de bienveillance soit à M. Pagliano, adjoint délégué par M. le Maire pour assister à la cérémonie, soit aux conseillers municipaux et à chacun des assistants, est monté dans un appartement du premier étage de la maison Guieu (1), disposé pour lui servir de sacristie.

Revêtu de ses ornements pontificaux, il est venu rejoindre le clergé qui l'attendait, en habit de chœur, au bas de l'escalier dans le vestibule. C'est de là qu'est parti le cortège religieux, au milieu du bruit des cloches. La musique des paysans de Sainte-Marguerite ouvrait la marche; venaient ensuite les clercs de la paroisse avec la croix de procession, les chandeliers des acolytes, le bénitier, l'aspersoir, les enfants de chœur admirablement costumés en aubes et en ceintures rouges ; derrière eux marchaient les ecclésiastiques dont les noms que voici :

MM. Carraciolo, Casal, Turon, prêtres espagnols; MM. Rouard et Pujol, professeur de la

(1) Cette maison sert de presbytère depuis 1874.

maison de la Sainte-Famille. M. Alphonse Olive, vicaire à la Sainte-Trinité. M. Garnier, aumônier de l'Asile des Aliénés. Le R. Père Dassy, Oblat, directeur des Jeunes Aveugles. MM. Proal, curé de Saint-Barnabé ; Pichou, curé de Saint-Loup ; Châtaud, curé de la Capelette ; Taurel, curé de Sainte-Marguerite ; Isnard, curé de la Pomme ; M. Meistre, curé de Saint-Michel. M. Eymard, chanoine honoraire d'Aix, curé de Saint-Césaire à Arles. M. Bruchon, chanoine, directeur de la maison de la Sainte-Famille. M. Guiol, chanoine, curé de Saint-Charles (*i. m.*). M. Vitagliano, archiprêtre. M. Sauvaire. M. Caillol, Vicaire général. M. Carbonnel, chanoine, secrétaire de l'évêché. Enfin, Mgr l'Evêque, précédés de quatre ecclésiastiques de la Sainte-Famille portant ses insignes.

Venaient à la suite de Monseigneur : MM. Pagliano, adjoint délégué par M. le Maire ; M. Roux, adjoint ; Martin Bruno et Jaubert de Delord, conseillers municipaux.

Messieurs les Fabriciens et plusieurs notables de la paroisse fermaient la marche.

A peine le cortège est-il arrivé, par la campagne Guieu, en face de l'emplacement de la nouvelle église, qu'une salve d'artillerie annonce et salue la présence de Monseigneur et de l'Autorité municipale.

La campagne Guieu et l'emplacement de la nouvelle église sont décorés d'oriflammes de diverses couleurs et de feuillages. Sur l'emplacement même de l'église et en première ligne, on distingue deux oriflammes, dont l'un porte les armoiries de l'Evêque et l'autre l'écusson de la Ville de Marseille.

Dans la partie où doit se trouver le transept de la nouvelle église, un autel rustique indique la place où doit s'élever le sanctuaire ; une croix en bois désigne celle du maître-autel.

Le cortège étant arrivé dans l'enceinte réservée, MM. les chanoines et les Curés prennent place sur un estrade à droite de l'autel. MM. les Conseillers municipaux, les Fabriciens et les notables de la paroisse sont sur une seconde estrade, en face du Clergé, à gauche de l'autel.

Monseigneur, M. le grand Vicaire, M. le Secrétaire général sont à des fauteuils devant l'autel.

C'est alors que l'abbé Sauvaire, curé de la paroisse, prenant la parole, prononce une touchante allocution de circonstance où l'on sent son cœur de pasteur déborder de joie et de reconnaissance envers M⁸ʳ l'Evêque et l'Autorité municipale si généreuse et si bienvaillante.

Après ce discours, Monseigneur, assisté de son grand Vicaire et de son Secrétaire, commence les prières et bénédictions d'usage ; puis le chœur entonne les litanies des saints.

Le procès-verbal de la cérémonie est lu ensuite, en latin, par le R. Père Dassy. Ce procès-verbal dûment scellé, revêtu de la signature de l'Evêque et des personnes notables, est renfermé dans un boîte en plomb soudée sur le lieu-même. Cette boîte, *incrustée* dans la pierre bénite, est placée dans les fondations près du premier pilier du transept, du côté de l'évangile. On trouvera, à la fin de la Monographie, la traduction de cette charte.

Au moment où la pierre renfermant la charte est posée dans les fondations, une deuxième salve d'artillerie se fait entendre. Monseigneur fait ensuite l'aspersion sur toutes les lignes des fondations, au chant des psaumes et prières prescrites par le Pontifical. Revenu devant l'autel, il entonne

le *Veni Creator* et donne d'une voix ferme et
sonore à toute l'assemblée sa bénédiction, comme un gage de paix et de bonheur. Les cloches,
la musique, les salves d'artillerie annoncent la fin
de la cérémonie et l'on retourne processionnellement à la campagne Guieu.

Une modeste collation, préparée par les soins
de M. Laforêt, est offerte par MM. les Fabriciens,
dans les salons de M. Guieu, à Monseigneur, à
MM. les Adjoints et à toutes les notabilités qui
ont assisté à la cerémonie.

Le bon Curé verra plus tard son église achevée,
bénite d'abord par un enfant du quartier devenu
Vicaire général et ensuite consacrée solennellement par Mgr Cruice. (Nous donnons, à la suite de
la Monographie, le procès-verbal de consécration.)

M. l'abbé Sauvaire ne se contente pas d'avoir
une belle église, il la veut bien meublée et bien
ornée : de là l'appel qu'il fait aux propriétaires du
quartier le 26 février 1860.

De plus, il la veut fréquentée ; il lui faut du
monde qui la remplisse ; de là encore la lettre
qu'il adresse à Mgr l'Evêque le 29 mars 1860, pour

une nouvelle circonscription qui lui procurera de nouveaux paroissiens, en remplacement de ceux que le Cimetière et l'Asile des aliénés lui ont fait perdre.

Et, après bien des difficultés surmontées, il l'obtiendra.

On trouvera à la fin de cet opuscule, l'Ordonnance de M⁰ʳ l'Evêque pour la circonscription de la paroisse Saint-Pierre, 21 décembre 1860.

Il lui faut aussi un presbytère; il a l'emplacement puisque M. Ruinat, qui donna l'emplacementt de l'église, a également donné un terrain sur lequel on ne peut bâtir qu'un presbytère. Mais, s'il ne peut avoir la construction, il lui faut l'indemnité de logement et il l'obtiendra, après plusieurs démarches auprès de M. le Maire.

Avant même que les travaux de l'église soient terminés, il demande la permission à l'évêché de bénir la chapelle destinée à recevoir l'autel de la Sainte Vierge, pour pouvoir y célébrer le mariage de M. Sixte Rey, l'architecte, avec Mlle René, et y dire la sainte messe dans cette circonstance seulement. Ce qui eut lieu le 17 novembre 1860.

Le 28 avril 1861, se fit la bénédiction de la grande cloche par M⁸ʳ Jeancard. C'est M. Durand, président du Conseil de Fabrique, qui fournit les moyens d'en faire l'acquisition.

Le parrain fut M. de Sainte-Vallière, capitaine de frégate en retraite, représenté par son neveu M. G. de Rey ; et la marraine, Mᵐᵉ Claudine-Euphémie Suchet. Cette cloche reçut le nom de *Pierre-Alban-Euphémie*.

Le 28 juillet 1861, M. l'abbé Sauvaire bénit une statue de saint Joseph, don de Mᵐᵉ Aillaud-Rossolin. Cette statue fut placée sur son autel donné par Mᵐᵉ Durand-Bérengier.

Le 15 août 1861, il bénit encore une statue de la Sainte Vierge, don de Mᵐᵉ Suchet, née Fourtier. Cette statue fut placée à l'autel qui lui était destiné et qui était aussi un don de M. Durand.

Le 6 avril 1862, en présence de plusieurs prêtres, le même curé érige solennellement un chemin de la croix qui est encore en place, dans l'église. Quatorze petites filles vêtues de blanc portaient les tableaux des stations (1).

(1) Le 23 février 1840, érection du chemin de croix dans l'ancienne église.

Le 29 juin 1862, Mgr l'Evêque de Mende, en visite, chez M. Saurin de la campagne de la Salette, daigne célébrer la messe dans l'église, assiste à tous les offices paroissiaux et donne, le soir, la bénédiction du saint sacrement.

Au mois de juin 1864, l'abbé Sauvaire croit devoir donner sa démission de curé, pour des raisons qu'il ne nous appartient pas d'apprécier, et passe les dernières années de sa vie, retiré dans la maison qu'il avait fait construire au chemin de Saint-Jean du Désert, 24, où il mourut le 13 janvier 1883. Ses obsèques solennelles eurent lieu le 15, présidées par M. l'abbé Alphonse Benoît, alors curé de la paroisse.

VI. — REVERTÉGAT, Joseph-Martin (1864 à 1869)

Né à Montfort (Var) le 11 novembre 1825, il fut ordonné prêtre à l'âge de vingt-quatre ans, par Mgr de Mazenod, en 1849. Dès le début de son ministère dans la banlieue de Marseille, et notamment à Saint-Marcel, le jeune prêtre se fit remarquer par la bonté de son cœur et la parfaite régularité de sa conduite. Aussi, les âmes qui avaient le bonheur de vivre sous sa direction lui vouaient-elles une vénération rare par le temps d'oubli presque universel du respect dû à la sainteté du ministère sacerdotal. Devenu en 1861 vicaire en ville, il déploya à Notre-Dame du Mont-Carmel le même zèle et les mêmes aptitudes.

Lorsque les Pères Oblats de Marie quittèrent l'aumônerie de l'Œuvre de la Jeunesse, dite de M. Allemand, le zélé vicaire fut l'un des deux prêtres désignés par M⁼ʳ Cruice pour occuper ce poste délicat et important. Il s'acquitta à merveille de ces nouvelles fonctions et sut gagner rapidement la confiance de cette chère jeunesse. C'est là que l'administration diocésaine l'alla prendre en 1864 pour le faire recteur de la paroisse Saint-Pierre, tout en lui laissant la direction du Tiers-Ordre des Sœurs Minimesses.

L'abbé Revertégat prit possession le 26 juin 1864; il fut installé par M. Vitagliano, prévôt-archiprêtre de la Cathédrale. M. l'abbé Pin, aumônier de la Providence, fit le sermon des vêpres.

M. l'abbé Sauvaire eut plus particulièrement en

vue l'organisation matérielle de la paroisse ;
M. l'abbé Revertégat, l'organisation spirituelle ;
l'une et l'autre sont nécessaires.

Ce saint curé meurt à l'âge de quarante-quatre
ans, le 29 mai 1869. Ses obsèques eurent lieu
le 31 du même mois. Son portrait est exposé à la
grande sacristie.

Ce fut sous l'administration de ce curé, que le
maître-autel, d'abord placé au fond du chœur,
parallèlement aux deux petites portes des sacristies, fut changé, pour être mis là où il est actuellement. Le sanctuaire fut agrandi, la dépense
s'éleva à la somme de 2600 francs. Cette transfor-
mation s'opéra pendant les mois d'avril et de
mai de l'année 1866.

Le 3 juin de la même année, le dimanche
dans l'octave de la Fête-Dieu, la divine Providence amena sur la paroisse un saint évêque
napolitain, Mgr Salzano, de l'Ordre de Saint-
Dominique (1), et, avec l'agrément de M. Brunet,
Vicaire capitulaire, Sa Grandeur consacra de
nouveau le maître-autel et, le 14 juin, donna la
confirmation aux enfants de la paroisse.

(1) En visite chez M. Saurin, à sa campagne de la Salette.

Pendant le carême de la même année fut prêchée une Mission qui produisit d'heureux fruits.

Les missionnaires furent le Père Viala et le Père Bonifay, Oblats de Marie. Une magnifique croix fut bénite à cette occasion, aujourd'hui placée à l'autel du calvaire.

En 1867, l'horloge du clocher est installée, au prix de 900 francs (1).

Et pour Pâques de l'année 1869 est posée la chaire, qui a coûté 3300 francs.

VII. — BLANC, André (1869 à 1871).

Né à la Ciotat, le 2 novembre 1827, il fut ordonné prêtre le 29 juin 1852 et remplit successivement les fonctions de vicaire à Saint-Laurent, à Saint-Jérôme, à Saint-Loup ; puis il fut nommé aumônier des Frères en 1861 et, enfin, curé de Saint-Pierre en 1869.

Son installation eut lieu le 13 juin. C'était un prêtre doux, calme, aimant la retraite et l'étude. Son passage à Saint-Pierre n'a pas laissé beaucoup de traces ; il y est resté si peu de temps !

(1) La cloche de l'horloge fut bénite le 2 juin 1867.

Cependant, on remarqua son zèle pour la jeunesse, à laquelle il fit beaucoup de bien et qui lui demeura sincèrement attachée.

Au mois d'octobre 1871, il reçoit sa nomination à la paroisse de Saint-Laurent et est installé le 22 du même mois. Il y exerce les fonctions curiales pendant près de quinze ans, s'attirant l'estime et l'affection de ses nombreux paroissiens par son affabilité et son véritable dévouement.

Malade depuis des années, dans les premiers jours de janvier 1886 l'abbé Blanc, se rend à la Ciotat, espérant que l'air natal lui redonnera la vie avec la santé et les forces. Hélas ! son espoir est déçu ; la Ciotat, qui lui avait donné un berceau, devait aussi lui préparer une tombe, et trois jours après son arrivée, il reçoit pieusement les sacrements de l'Eglise et s'endort dans la paix du Seigneur.

La nouvelle de cette mort si prompte et si inattendue plongea la paroisse de Saint-Laurent dans la consternation : elle aimait si tendrement son curé ! Les obsèques solennelles eurent lieu à la Ciotat le 21 janvier 1886, au milieu d'un concours nombreux de paroissiens de Saint-Laurent et de la ville.

Le meilleur éloge qu'on puisse faire de ce saint prêtre, c'est qu'il vécut pauvre et qu'il est mort pauvre, comme les disciples du Christ. Mais ils ne comparaîtront pas les mains vides devant Dieu, car leurs œuvres les accompagnent.

VIII. — SOLOMÉ, Alexandre (1871 à 1879).

Né en 1831, il fut ordonné prêtre en 1856. Il fut d'abord professeur à l'Ecole Belsunce, puis vicaire à Saint-Barnabé, à Gémenos, directeur de la maîtrise capitulaire, vicaire à Sainte-Marie-Majeure et, en 1871, curé de Saint-Pierre (1).

A la maîtrise, M. l'abbé Solomé distingua les rares aptitudes d'un enfant qui devait devenir un habile artiste, M. Hugues, grand prix de Rome, qui vient de faire dernièrement la magnifique statue de saint Martin posée sur le dôme de la nouvelle basilique de Tours, et il favorisa de mille manières cette vocation artistique. M. So-

(1) Il fut installé le 22 octobre.

lomé était curé de Saint-Pierre quand, en 1878, l'autorité civile supprima la traditionnelle procession du 2 novembre au Cimetière. Le zélé curé protesta énergiquement et, s'il ne fit pas la procession, il crut devoir donner au moins l'absoute au milieu du champ béni où reposent nos chers défunts. L'incident fit grand bruit, même à la Chambre des députés et au Sénat, où M. le baron Roux de Larcy en fit l'objet d'une interpellation, mais il n'eut aucune conséquence fâcheuse pour le curé défenseur du droit.

En 1872, le 31 mars, eut lieu par l'abbé Sauvaire, ancien curé de la paroisse, l'inauguration du nouveau calvaire, érigé dans la chapelle à gauche de la porte d'entrée de l'église. Sur ce calvaire furent placés la croix de la Mission et les statues de Notre-Dame de Compassion et de Saint-Jean, achetées par M. Revertégat, placées à l'époque de la Mission de 1866 au transept de l'église, à gauche. Ce calvaire fut élevé par M. Adrien Gaudin, artiste peintre.

Le 12 mai de la même année, on inaugura la chapelle et l'on bénit la statue de saint François de Sales. Cette chapelle et son autel ont été décorés par M. Roch Isnard, d'Arles, peintre de l'école nationale de Paris. Le tabernacle de l'autel, en forme de châsse, renferme un reliquaire contenant une précieuse relique de saint François de Sales, don de Mme Durand.

Le 7 juillet de la même année, inauguration de la chapelle et du nouvel autel de sainte Germaine. La chapelle fut décorée par M. Roch Isnard ; la statue de la sainte et l'autel sont un don des époux Cucurny.

En 1873 et le vingt juillet, inauguration de la nouvelle chapelle de Saint-Joseph, décorée aux frais des paroissiens et notamment de MM. Joseph Signoret et Eugène Guieu. La peinture murale a été exécutée sous la direction de M. Roch Isnard.

Le 17 avril 1876, M. le chanoine Ricard, Vicaire général, est délégué par Mgr l'Evêque pour procéder à la bénédiction d'une statue du Sacré-Cœur de Jésus, érigée dans la paroisse, en souvenir du jubilé. Cette statue, don d'une pieuse et humble anonyme, fut placée dans un monument dont le plan fut dressé par M. Alexandre Bérengier, architecte, au fond de l'abside de l'église.

Le 20 avril 1877, par ordre de M. Maglione, maire de Marseille, les deux troncs pour les âmes du purgatoire, qui se trouvaient au Cimetière, l'un depuis l'ouverture de ce Cimetière et l'autre depuis l'ouverture de la nouvelle porte, ·furent enlevés et portés dans la sacristie de la paroisse.

Tels sont les faits principaux qui se sont passés sous l'administration de M. Solomé.

Nommé, le 14 septembre 1879, aumônier des Religieuses des Saints Noms de Jésus et de Marie, il se dévoua sans réserve à la prospérité de l'Association de Notre-Dame du Sacré-Cœur, qui tient ses réunions dans la chapelle du couvent.

Chacun connaissait sa parfaite courtoisie son exquise politesse jointe à une grande modestie.

Il mourut dans les premiers jours de l'année 1891. Ses obsèques furent célébrées, en l'église de Saint-Pierre et Saint-Paul, sous la présidence du curé de la paroisse, M. l'abbé Blanchély, qui avait donné au malade les derniers secours de notre sainte religion. Aux premiers rangs des membres du clergé : M. Ollivier, Vicaire général ; M. le Secrétaire général ; MM. les chanoines Benoit, Jourdan et Caseneuve.

IX. — BENOIT, Louis-Alphonse (1879 à 1891)

Né le 1ᵉʳ décembre 1833, à Aubenas (Ardèche),
fut ordonné prêtre en 1857.

Il occupa successivement les postes de vicaire·
à Aubagne, à Saint-Lazare, à Saint-Joseph *(i. m.);*
de curé de Cuges ; de supérieur du pensionnat
du Sacré-Cœur, rue Barthélemy, 16 ; et fut
nommé curé de Saint-Pierre et installé le 14
septembre 1879.

Cet excellent prêtre, remarquable par son intel-
ligence, ses connaissances littéraires et sa science
ecclésiastique, est l'auteur de deux ouvrages importants : le premier, en deux volumes, a trait à la
vie et aux écrits de saint Grégoire de Nazianze, et
le second fait l'histoire de la vénérable fondatrice
des Religieuses de Saint-Joseph d'Aubenas.

Pendant longtemps il fit partie de la commission
pour l'examen des jeunes prêtres et de la commission d'examen pour les maisons diocésaines
d'éducation. C'est dire l'estime que l'administration diocésaine avait de sa valeur intellectuelle.

C'était, d'ailleurs, un prêtre rempli de l'esprit

de Dieu, mais dont le zèle fut souvent paralysé par des infirmités précoces.

Le 17 juillet 1881, l'abbé Benoît étant curé, eut lieu la bénédiction de la bannière de la Sainte Vierge et de sainte Germaine pour la congrégation des demoiselles, par M. le chanoine Gastaud délégué par Mᵍʳ l'Evêque.

Le 26 février 1882, bénédiction de la statue de saint Antoine de Padoue, par M. le chanoine Gastaud. Cette statue, exécutée par M. Gallard, fut donnée par Mᵐᵉ veuve Merle (1).

Le 24 mai 1886, cinq vitraux, sortis des ateliers de M. Donzet, furent placés à l'église, avec leurs grillages, dus à la générosité des bienfaiteurs ordinaires de la paroisse.

Le 11 janvier 1891, M. l'abbé Benoît fut nommé chanoine titulaire de l'église Cathédrale et mourut le 8 décembre 1893, sur la paroisse Saint-

---

(1) Dans la nuit du 15 au 16 décembre 1884, des voleurs, profitant de ce que les fenêtres de l'église n'étaient pas encore grillées, y pénétrèrent par l'une d'elles, enlevèrent un petit ciboire en argent, fracturèrent les troncs, les coffres-forts, démontèrent les marbres du tabernacle, causèrent, en un mot, beaucoup de dégâts, mais ne purent profaner les saintes espèces.

Pierre et Saint-Paul, administré par M. le curé Blanchély. Ses obsèques solennelles, auxquelles daigna assister Mgr l'Evêque, se firent à la nouvelle Cathédrale.

Pendant que le corps traversait le quartier Saint-Pierre, pour être porté au caveau des prêtres, dans le grand Cimetière, les cloches de la paroisse sonnaient les grands glas,

x. — THERME, Casimir (1891, 25 janvier).

Né à Vagnas (Ardèche), le 18 octobre 1848, fut ordonné prêtre le 25 mai 1872.

Il fut successivement vicaire aux Crottes et à Notre-Dame du Mont; puis, le 1er octobre 1887, nommé aumônier des Religieuses et du pensionnat du Sacré-Cœur à Saint-Joseph *(e. m.)* ; et, enfin, le 15 janvier 1891, nommé curé de Saint-Pierre. Il fut installé le 25 janvier, par M. Blanc, curé de Notre-Dame du Mont, assisté de MM. les curés de Saint-Ferréol, de Saint-Laurent, de Saint-Victor et de plusieurs autres curés et prêtres de la ville et de la banlieue.

Principaux faits qui ont eu lieu sous son administration, jusqu'à ce jour :

1891. — *Mars*. Le chœur des messieurs de la paroisse se réorganise et exécute les plus belles messes en musique et autres morceaux religieux aux principales fêtes et dans une multitude de circonstances (1). Leur zèle, leur dévouement sont dignes des plus grands éloges et ne se ralentissent jamais.

Avril même année. Installation d'un vicaire en titre.

Septembre même année. Etablissement des Frères Maristes sur la paroisse.

Septembre et *Octobre* même année. Restauration à l'intérieur de l'église et des sacristies.

Octobre même année. Achat d'un harmonium pour l'exercice des chants.

1892. — *Février*. Pose de vingt-un vitraux dans l'église.

1893. — *Novembre*. Visite de M⁰ʳ Pascal, évêque de Mosynopolis, Vicaire apostolique de la Saskatchewan, ami et condisciple du curé. Office pontifical à la grand'messe et aux vêpres ; belle musique par les messieurs de la chorale ; foule

(1) Sous l'habile direction de MM. Eugène Brémond et François Charlois.

énorme; sermon de Monseigneur sur ses Missions et quête fructueuse pour ses Œuvres.

Fin novembre même année. Bénédiction du chemin de fer de l'Est-Marseille par M. le curé, et allocution en présence des administrateurs.

1894. — *Avril* et *Mai*. Restauration à l'intérieur et à l'extérieur de la chapelle de Saint-Jean du Désert.

1895. — *Fin Avril*. Bénédiction de la bannière de la Bonne Mort, avec permission de M. le Vicaire général Blancard.

Juin même année. Pose d'un vitrail au cabinet du curé, dans les sacristies.

1896. — *Mai*. Installation du gaz, à l'église et dans les sacristies.

1897. — *Septembre*. Pose et bénédiction d'un grand orgue de 17 jeux, à la tribune. (Sorti de la maison Vignolo frères, sur les plans de M. Paul Bérengier, architecte.) (1)

Le 10 octobre de la même année, s'ouvrira une

---

(1) A cette occasion, la tribune, d'une construction irréprochable, a été quand même consolidée par une grande poutre en fer et trois petites.

Mission, qui se terminera le jour de la Toussaint.

Les sermons seront donnés par les RR. Pères Stéphane, Gardien, et Elzéar, du couvent de Marseille ; et par le R. Père Antonin, Gardien de la maison d'Aix.

II

Des Vicaires

M. Rouard, installé le 20 octobre 1861, changé en 1864.

M. Reimonet, installé le 17 septembre 1864 , changé en 1866.

M. Bressier, installé le 23 juin 1866, changé en 1867.

M. Vial, installé le 2 juin 1867, changé en 1870.

M. Payan, Sabin, installé le 15 août 1870, décédé le 30 avril 1872.

M. Guis a rempli les fonctions de vicaire du 22 avril au 30 juin 1872.

M. Bossy a rempli les fonctions du 30 juin 1872 au 12 janvier 1873.

M. Brusco porte le titre de vicaire à partir du 10 août 1873.

M. Moro porte le titre de vicaire, à partir du 23 août 1874.

M. Eyglier, précédemment vicaire à Saint-Louis, a été installé le 18 avril 1880; il est nommé professeur au Petit-Sacré-Cœur le 28 novembre de la même année.

M. Gibelin, Oblat de Marie, expulsé de Notre-Dame de la Garde, *manu militari*, le 29 octobre 1880, fut installé comme vicaire le 28 novembre de la même année et demeura jusqu'à Pâques 1881.

La commune de Marseille supprime le traitement du vicaire le 1er janvier 1881, comme elle le fait pour tous les autres vicariats.

M. Sobocinski reçoit le titre de vicaire le 3 octobre 1881.

M. Jean, précédemment vicaire à Cuges, est installé comme vicaire de la paroisse le 12 avril 1891. Parti fin août 1894.

M. Maurin remplit les fonctions de vicaire de fin août 1894 au 7 juillet 1895.

M. PALMARO, précédemment vicaire à Saint-Henri, a été installé le 7 juillet 1895 et changé le 4 mars 1896.

M. ARNAUD et M. DUSSERRE, depuis cette époque, ont rempli les fonctions de vicaire jusqu'à ce jour.

CHAPITRE III

Œuvres paroissiales : Congrégation.
Associations.
Œuvre de la Propagation de la Foi.
Etablissements d'instruction.
Bienfaiteurs et Marguilliers de la paroisse.

I

Congrégation des demoiselles.
Associations et Œuvre de la Propagation de la Foi.

I. — Congrégation des demoiselles

A été érigée le 29 août 1825, dans la paroisse Saint-Pierre, avec l'approbation de Mgr l'Evêque de Marseille Charles-Fortuné de Mazenod.

Le 29 août 1875, jour de dimanche, fête du Très pur Cœur de Marie, titulaire de la Congrégation de la Sainte Vierge et cinquantième

anniversaire de la fondation de cette Congrégation, il y eut grande solennité à l'église Saint-
Pierre. A 8 heures, grand'messe chantée par M.
l'abbé Sauvaire, ancien curé de la paroisse et
fondateur de cette Congrégation.

Après la messe, les congréganistes s'étant
rendues processionnellement dans leur chapelle,
on procède au renouvellement de la consécration
de trois d'entre elles, de l'époque de la fondation
qui, ainsi, célébraient leurs noces d'or de congréganistes. Spectacle touchant et plein d'édification.

La Congrégation des demoiselles a deux fêtes
principales : 1° la fête du Très pur Cœur de
Marie ; 2° la fête de sainte Germaine.

II. — Association de la Bonne Mort

A été canoniquement érigée le 2 septembre
1857, avec l'approbation de Sa Grandeur Mgr
l'Evêque de Marseille, Charles-Joseph-Eugène
de Mazenod.

Cette Association existait déjà depuis plusieurs années dans la paroisse. Elle a pour but

de procurer, à ceux qui en font partie, la grâce d'une bonne mort et ensuite un prompt soulagement des peines du purgatoire.

Notre Saint-Père le Pape Pie IX a daigné, à la demande du directeur de l'Association, concéder en sa faveur un bref par lequel il communique à la confrérie de la Bonne Mort, érigée dans l'église paroissiale de Saint-Pierre toutes les indulgences dont jouit l'archiconfrérie établie sous le même titre dans la ville de Rome. Ce bref est daté du 23 novembre 1857.

Cette Association est nombreuse et comprend des membres de toutes les paroisses.

Chaque associé reçoit, le jour de sa réception, un petit manuel contenant le règlement, les indulgences et prières de l'Association.

L'Association est sous la protection de la Sainte Vierge Marie conçue sans péché. Ses fêtes principales sont celles de l'Immaculée Conception, du glorieux saint Joseph ; elle honore aussi, comme patron secondaire, saint François de Sales.

III. — ASSOCIATION DU SAINT-SACREMENT

Après plusieurs essais, a été définitivement établie dans la paroisse par feu l'abbé Martin Revertégat, le 24 janvier 1865. Elle a été depuis plusieurs fois réorganisée. Il est question d'une confrérie du Saint-Sacrement existant dans l'église Saint-Pierre, en l'an 1713 et le 24 juin (archives de la paroisse).

La fête de l'Association se célèbre le dimanche des Quarante heures.

IV. — ŒUVRE DE LA PROPAGATION DE LA FOI

Depuis longtemps Œuvre paroissiale, a subi des vicissitudes diverses. Les aumônes s'élèvent aujourd'hui à la somme d'environ deux cents francs.

Des réunions ont lieu, aux fêtes principales de l'Œuvre.

II

Etablissements d'instruction

La paroisse compte actuellement quatre écoles, dont deux congréganistes et deux laïques.

Nous ne parlerons que des écoles congréganistes.

1. — ECOLE DES RELIGIEUSES DE SAINT-CHARLES

C'est la plus ancienne des écoles congréganistes de la paroisse ;

La paroisse a le bonheur de posséder ces excellentes Religieuses depuis la fin de l'année 1853. Elles réalisent toujours fidèlement le but assigné à leur institut par leur saint fondateur, M. l'abbé Demia ; elles en conservent l'esprit.

Mais laissons parler M. Demia, sur l'éminente vocation de ses Filles :

« Etre maîtresse d'école, dans l'Eglise chré-
« tienne, dit-il, c'est être ange corporel et visible

« établi de Dieu pour l'instruction des enfants
« et leur éducation dans la piété, d'une manière
« convenable à la portée de leur esprit ; car, notre
« nature étant composée d'un corps et d'une âme,
« Dieu a jugé qu'elle eût deux sortes de conduc-
« teurs : l'un visible, l'autre invisible ; et, comme
« il a donné aux enfants des anges qui sont leurs
« conducteurs invisibles, il leur a donné de
« pieuses maîtresses d'école pour leur conduite
« visible. Ainsi cet état nous fait partager avec
« les anges la dignité de conducteurs des âmes.

« Mais non seulement elles ressemblent à ces
« célestes intelligences, les personnes que Dieu
« appelle à de telles fonctions, elles sont encore
« semblables à Notre Seigneur Jésus-Christ, dans
« cette conduite qu'elles prennent des petits en-
« fants ; car, le divin Sauveur ayant procuré le
« salut de tous les hommes, a pris un soin particu-
« lier de ces innocentes créatures, les embrassant
« et les recommandant si tendrement à ses disci-
« ples. Qui ne sera donc plein de respect pour un
« ministère aussi saint, lorsqu'il entendra le
« Sauveur nous dire cette touchante et divine
« parole : « Qui reçoit en son école un de ces

« petits enfants, il faut qu'il sache qu'il me reçoit
« en sa personne. »

Quelle est donc grande cette vocation !

« Aussi, ajoute M. Demia, les maîtresses d'école
« sont-elles, dans l'Eglise de Dieu, comme ceux
« qui jettent les fondements d'un édifice ; car
« la première instruction, qu'elles donnent à
« leurs enfants est le fondement de leur piétié
« future ; et l'on peut dire que de leur travail
« dépend, en quelque sorte, celui des prêtres,
« des curés et des évêques.

« Elles ont même un avantage sur les minis-
« tres de la sainte Eglise, en ce que leur devoir
« est d'aider les enfants à conserver l'innocence
« reçue dans le baptême, au lieu que les prêtres,
« les curés et les évêques ne sont ordinairement
« occupés qu'à procurer la réparation de cette
« innocence baptismale perdue par le péché. Il
« faut donc que l'Eglise ait une haute idée de ce
« saint état, puisqu'elle met en dépôt entre les
« mains des personnes qui en font profession ce
« qu'elle a de plus cher et de plus précieux,
« l'innocence de ses enfants. Nul doute qu'une
« bonne maîtresse qui élève en la crainte de Dieu

« les jeunes filles qui leur sont confiées ne serve
« beaucoup à conserver le trésor de l'innocence
« qu'elles reçurent avec le baptême, d'autant que
« ces enfants, étant incapables de se conduire par
« elles-mêmes et étant susceptibles encore de
« toutes les impressions qu'on voudra leur don-
« ner, seront telles, dans la suite, que leurs maî-
« tresses les rendront.

« Non seulement leurs familles, mais encore
« leurs paroisses se ressentiront un jour de la
« chrétienne éducation que leurs pieuses maî-
« tresses leur donnèrent autrefois. Et de là on
« peut conclure qu'elle sera grande, dans le Ciel,
« la récompense que Dieu réserve à ces institu-
« trices, puisqu'Il leur donnera part au mérite et
« à la gloire, non seulement des enfants qu'elles
« auront sanctifiées dans l'exercice de leur minis-
« tère, mais encore des autres personnes qui se
« seront sauvées par le moyen des enfants.

« Qui peut donc comprendre les richesses de
« la gloire que Dieu répandra sur elles, pour
« avoir coopéré au salut de tant d'âmes, Lui qui,
« pour un verre d'eau froide, donne le paradis ?
« Heureuses donc les vierges chrétiennes que

« Dieu appelle à cette sainte profession ! Qu'elles
« en bénissent la divine Providence et ne négli-
« gent rien pour correspondre à une vocation si
« sublime. »

Pénétrées de l'esprit de leur saint fondateur,
telles ont été et telles sont toujours les Religieuses
de Saint-Charles qui, depuis déjà de longues
années, se consacrent à l'éducation des petites
filles de la paroisse, à la grande satisfaction des
parents, qui sont heureux de leur confier ce qu'ils
ont de plus cher.

Ce fut la Mère Sainte-Sophie, née Durand, une
ancienne paroissienne de Saint-Pierre, qui vint,
vers la fin de l'année 1853, fonder une école des
Religieuses de Saint-Charles dans sa campagne,
sur le chemin de Saint-Jean du Désert, près du
pont du chemin de fer du Prado.

Mais, cette maison se trouvant un peu éloi-
gnée de l'église et du centre, Mère Sainte-Sophie
fit construire, en 1867, à ses frais, le bel établissement actuel, situé au midi de l'église, sur les
plans et sous la direction de M. Marius Bérengier,
son parent.

Cette école, de libre qu'elle était d'abord,

devint communale quelque temps après. Elle fut laïcisée le 1ᵉʳ octobre 1882.

Au mois de novembre 1874, mourait la Mère Thérèse Durand, en religion Sœur Sainte-Sophie, à l'âge de 68 ans.

Ses obsèques eurent lieu dans l'après-midi du 30 du même mois.

La population prouva sa reconnaissance en assistant en masse aux funérailles de cette sainte Religieuse, bienfaitrice du quartier, fondatrice de l'école des filles, dirigée gratuitement, de ses propres deniers, pendant de longues années.

L'Association de la Bonne Mort, la Congrégation de la Sainte Vierge, en costume, les deux écoles de garçons et de filles, un très grand nombre de femmes et une longue suite d'hommes assistèrent aux obsèques, avec un nombreux clergé. M. le Curé, d'accord avec son Conseil de fabrique, accorda gratuitement à la vénérée défunte, comme bienfaitrice insigne, les honneurs intérieurs et extérieurs d'un convoi de première classe. Le corps fut porté à découvert par les congréganistes anciennes élèves de la Mère Durand, et escorté d'un grand nombre de

Religieuses venues exprès de la ville. Les vêpres furent chantées, corps présent, dans l'église tendue de noir. Tout le cortège accompagna jusqu'à la tombe celle que tous les habitants regardaient et regrettaient comme leur mère.

A la Mère Sainte-Sophie Durand succéda, le 12 décembre 1874, en qualité de supérieure, la Mère Saint-Jubin, née Robert, qui, pendant vingt ans, se consacra, avec un zèle ardent, à l'œuvre si chère au cœur de celle qui l'avait précédée.

Mère Saint-Jubin meurt le 18 décembre 1894, âgée de 77 ans. Ses obsèques solennelles ont lieu le 20, aux frais de la Fabrique, au milieu d'un grand concours de paroissiens venus pour rendre un dernier hommage à cette Religieuse si affable et si généreusement dévouée.

La maison est dirigée actuellement par la Mère Saint-Jovite, née Nicolas, de Lyon, ayant rempli déjà, pendant plusieurs années, les fonctions de première maîtresse à notre école de filles. Elle a été installée le 2 février 1895 par la Mère Saint-Théodose, maîtresse des novices à Lyon. Les élèves de cette école remportent, chaque année, de nombreux et brillants succès.

II. — ECOLE DES FRÈRES MARISTES

En prenant possession de la paroisse en 1891, l'abbé Therme n'eut qu'une pensée, qu'un désir : procurer le plus tôt possible, à ses petits garçons, le bienfait dont jouissaient depuis longtemps ses petites filles : celui d'avoir des instituteurs congréganistes.

Le besoin s'en faisait sentir, malgré l'excellent esprit des maîtres laïques d'alors.

Quelle ne fut pas sa joie, quand, dès les premiers mois de son arrivée, il vit venir chez lui M. André Maurin, pour lui proposer de fonder une école des Frères !

Tout s'arrangea facilement, avec l'appui généreux de M. André Maurin et de son frère M. Emile Maurin, l'éminent vice-président du Comité catholique.

Le concours de M. Paul Fournier, secrétaire du Conseil de Fabrique, fut aussi largement donné.

On dut se préoccuper, aussitôt, d'avoir des Frères et un local convenable.

Le personnel nous fut promis par le R. Supérieur général des Frères Maristes pour la rentrée d'octobre 1891.

Le local pour le logement et les classes n'était pas aisé à trouver dans le quartier. On s'arrêta à la maison Gantès, située boulevard Ruinat, qui fut organisée par les soins de M. Louis Bérengier, architecte, président du Conseil de Fabrique et autre bienfaiteur de l'école.

Tout fut prêt le 27 septembre, jour de l'ouverture des classes.

Le Frère provincial de Saint-Paul-Trois-Châteaux vint installer le cher Frère Hubertus, premier directeur de l'établissement.

Les enfants rentrèrent en nombre dès le commencement, désireux de se placer sous la direction de maîtres vénérés et de leur choix.

Les chefs de famille de la paroisse avaient compris l'importance, la nécessité de cette fondation et lui donnèrent, sans hésiter, leur estime et leur confiance, qui n'ont pas été déçues.

Le dimanche 11 octobre, après les vêpres, Mgr l'Evêque, accompagné de M. le chanoine Brusco, Secrétaire général, daigna se rendre à

Saint-Pierre pour bénir la nouvelle école, devant une assistance nombreuse et choisie. Tous les bienfaiteurs, en effet, et toutes les bienfaitrices de la paroisse avaient tenu à honorer de leur présence cette cérémonie, dont on gardera longtemps le souvenir.

Les élèves de cet établissement brillent, chaque année, aux divers examens et remportent des succès qui font honneur à leurs maîtres si vigilants et si dévoués.

Durant plusieurs années fut établie, sur la paroisse de Saint-Pierre, à la campagne dite Vitagliano, une annexe de l'Orphelinat de garçons du Jarret. Il y avait chapelle desservie par un aumônier.

De plus, au chemin de Saint-Pierre, en face de l'Asile des aliénés, se trouvait un Patronage de Jeunes Apprentis, avec chapelle desservie par un prêtre, qui n'existe plus depuis assez longtemps.

III

Bienfaiteurs et Marguilliers de la paroisse

1. — BIENFAITEURS

MM. *Durand*, La Forêt, René, Aillaud, Guieu, *Saurin de la Salette* (1), *Bérengier*, Suchet, de Sainte-Vallière, Roux, Amayon, Boyer, Sermet, *Maurin de Saint-Jean*, Desbief, Ruinat, Bouteille, Lunel, Cucurny, Signoret, Tiran, Estieu, Collin, Palanque, Cordonnery, Dor, Jayne, Vin, Honoré Rigaud, Gibon, Dalmas, Daumas, *Roubaud, Paul Fournier*, Merle, Jouvin, Carnavan, P. Rostan d'Ancezune, David, Chaulier, Frizon, Vergracht, Forcade, Lascoux, de Tournadre, Cayol, Fraissinet, Just Guigou, abbé Tassy.

II. — MARGUILLIERS DE LA PAROISSE DEPUIS LE CONCORDAT

MM. Dreveton, Trouchet, Debanne, Dumas. Colomb, Richaud, Olive, Armand, Paranque,

---

(1) C'est dans la belle campagne de Mme veuve Saurin, où se trouve une jolie petite chapelle dédiée à Notre-Dame de la Salette, qu'a lieu, chaque année, un des trois jours, la procession dite des Rogations.

Amalric, Fleury, Rastit, Amayon, Pierre Durand, de Flotte, Chevalier, Galand, Baux, Thumin, Trouilhas, J. Rastit, Julien, Avon, J.-P. Durand, Armand, René, Laforêt, Guindat, Aillaud, Guieu, Olive, Cucurny, Signoret, Meyeur, Tiran, Collin, Suchet, baron Gaston de Flotte, Pierre Dor, Antoine Palanque, Muraire, Gibon.

Composition du Conseil de Fabrique actuel :

Louis BÉRENGIER, président du Conseil de Fabrique.

André MAURIN, trésorier du Conseil de Fabrique.

Paul FOURNIER, secrétaire du Conseil.

Octave DAVID, membre du Conseil.

Charles RIGAUD, membre du Conseil.

Bureau des Marguilliers :

Louis BÉRENGIER, président.
Paul FOURNIER, secrétaire.
André MAURIN, trésorier.

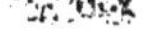

APPENDICE

I

Article relatif à la construction de l'église de Saint-Pierre

Gazette du Midi, 20 et 21 décembre 1858 :

' « Notre belle Provence, si voisine de l'Italie, dont elle a pris jusqu'à un certain point les tendances musicales et poétiques, n'a pas été aussi heureuse pour ce qui a trait aux arts du dessin. Le voyageur qui arrive des belles plaines de la Lombardie éprouve assurément une pénible impression lorsque, au delà de nos frontières, il aperçoit dans nos campagnes les clochers qui se montrent de loin en loin, comme pour lui faire regretter les gracieux campaniles semés dans les champs de la péninsule.

10

« C'est surtout aux environs de Marseille, que le contraste est frappant et douloureux. Depuis quelques années pourtant, des efforts heureux ont été faits, et quelques-unes des églises récemment élevées attestent une salutaire réaction. Espérons qu'elle recevra des encouragements et qu'à une époque où l'on parle de tant de vastes projets pour une ville qui depuis trente années voit s'élever des quartiers vrais produits d'anarchie, sans nivellement préalable ni plans administratifs, on ne refusera pas à la campagne quelques moyens de marcher dans la voie dont, grâce à la bonne volonté de M. le maire, un prêtre zélé de notre banlieue vient de prendre l'initiative.

« En 1855, M. le Curé de Saint-Pierre et la Fabrique, voyant combien l'église de ce village était devenue insuffisante, firent savoir à qui de droit que M. Pascal Ruinat avait le projet de morceler sa propriété et qu'il offrait gratuitement à la Ville la surface nécessaire pour construire une église et un presbytère, et pour établir toutes les voies reconnues nécessaires à la circulation. Leur proposition fut accueilie, les plans et devis furent approuvés et le Conseil municipal vota la somme de 119.680 francs.

« L'emplacement est parfaitement choisi. Par sa situation entre le chemin de grande vicinalité de Marseille à Aubagne et celui de Saint-Barnabé par Saint-Jean du Désert, il permet de mettre en communication ces deux chemins. La nouvelle église s'élèvera à peu près au centre de la propriété ; la place aboutira à une rue de quinze mètres, du nord au midi ; deux rues de douze mètres iront dans le même sens ; l'église aura, de l'un et de l'autre côté, des rues de douze mètres de largeur dans la partie la plus étroite, c'est-à-dire en face du transept. Au-devant de l'église et à l'extrémité de la place, prendra naissance un boulevard de vingt mètres qui, plus tard, pourra être prolongé jusqu'à Jarret.

« Telle sera la cité Saint-Pierre. Mais il ne suffit pas d'une église plus grande, plus en rapport avec le chiffre de la population toujours croissante ; il faut encore que ce nouveau monument serve de modèle à l'avenir : initiative oblige.

— M. le maire a chargé M. Rey d'en dresser le plan et de l'exécuter.

« Ce plan nous l'avons sous les yeux.

« L'église aura 47 mètres 20 centimètres de long et 21 mètres 80 centimètres de large au transept ; elle ne rappelle en rien les églises nouvelles que nous avons vues s'élever dans les environs de Marseille depuis une vingtaine d'années ; la disposition en est à la fois simple et grandiose ; le style est le roman, mais sans cette lourdeur qui souvent a fait repousser l'architecture de la première période du Moyen Age ; prenant le plein-cintre pour généraliser, il convient mieux que tout autre au climat et au ciel du Midi où les grandes baies de l'architecture ogivale sont comme dépaysées. — Le style roman s'est maintenu bien plus longtemps chez nous, et c'est logique, que dans les provinces septentrionales ; il serait facile d'en donner les raisons qu'a comprises l'instinct des peuples.

« L'église aura trois nefs, séparées par des colonnes, qui aboutissent à un transept avec coupole à l'intersection, et qui se terminent par trois absides circulaires. Dans le transept, à côté des absides, des basses nefs, sont ménagées deux portes, une de chaque côté, qui conduisent, celle de droite à la sacristie, celle de gauche aux dépendances de l'église. Le clocher s'élève au-dessus du porche et forme un avant-corps qui accuse la nef principale ; le campanile, qui rappelera ces gracieuses constructions italiennes dont nous parlions tantôt, sera surmonté d'une flèche : ce qui, par le mouvement des lignes, donnera au monument l'aspect le plus pittoresque.

« L'église étant isolée et de tous côtés en façade sur de larges rues, aucune des parties extérieures n'a été négligée ; le chevet a été étudié avec soin ; le bâtiment qui contient la sacristie et les dépendances y est adossé sans rien enlever au caractère monumental et religieux de la partie postérieure de l'édifice. — Devant l'église, s'ouvrira une grande place, en face du boulevard projeté.

« Les soubassements seront en pierre de Cassis, les parties élevées en pierre d'Arles, de la qualité des pierres employées à la reconstruction du clocher des Accoules, au campanile de l'église des Chartreux, à la restauration de la façade de l'église de Saint-Théodore, travaux exécutés sous la direction de M. Rey.

« Rien ne manque à ce beau projet : la munificence de la Ville, la foi des populations, l'intérêt qu'il inspire au public, les talents connus et si bien appréciés de l'architecte. Puisse cette œuvre avoir des imitateurs ! Puisse notre soleil, qui est le soleil de l'Italie, illuminer un jour de ses rayons autant de merveilles de l'art qu'il en éclaire sur le sol privilégié qui en eut, jusqu'à présent, le glorieux monopole ! »

Pour extrait : H. ABEL.

II

Traduction de la Charte en latin renfermée dans la pierre angulaire de l'église nouvelle.

L'an de notre salut mil huit cent cinquante-neuf, le XIII^mo du Pontificat de Pie IX et le VIII^mo de l'Empire de Napoléon III, MM. Besson étant Préfet des Bouches-du-Rhône et François Honorat Maire de Marseille.

Comme l'église paroissiale de Saint-Pierre près de Marseille menaçait ruine de vétusté et que, d'ailleurs, le nombre des paroissiens s'accroissait depuis bien des années, de sorte qu'elle était devenue insuffisante à leur piété ;

La Municipalité marseillaise ayant connu et hautement approuvé les désirs pleins de sollicitude de l'Illustrissime et Révérendissime seigneur Charles-Joseph-Eugène de Mazenod, Evêque de Marseille et Sénateur de l'Empire, ainsi que la demande de messire François de Sales Sauvaire, Recteur de la dite paroisse, et les vœux de Messieurs les Fabriciens, qu'elle avait pris en considération, avait conclu, par sa délibération datée du 3o août 1858, qu'une autre église plus étendue et sur des plans convenables serait construite à Saint-Pierre, aux frais de la Ville, et elle en avait confié l'œuvre à M. Sixte Rey, l'un des Architectes attachés à la commune.

C'est pourquoi, la seconde fête de la Pentecôte, à l'issue des vêpres, M⁁ʳ Charles-Joseph-Eugène de Mazenod, évêque de Marseille, a béni solennellement, posé et dédié cette première pierre, en présence de plusieurs Chanoines de l'église Cathédrale, de quelques Curés et autres ecclésiastiques du diocèse, de M. Jean-Louis Pagliano, Adjoint au Maire de Marseille et délégué par lui, accompagné de quelques Conseillers municipaux et d'une foule nombreuse de Fidèles.

Il a été ordonné en outre, par Sa Grandeur, qu'on relatât ce fait sur une charte et que cette charte, après avoir été transcrite en langue française, pour être consignée dans les registres des délibérations de la Fabrique de Saint-Pierre, serait renfermée authentiquement dans la pierre elle-même fondamentale, dûment scellée dans une boîte de plomb.

En foi de quoi, ont signé : Monseigneur l'Evêque de Marseille, qui a de plus apposé son sceau, et, avec lui, ont signé les principaux témoins de la cérémonie.

III

Procès-verbal de la Consécration de l'église paroissiale de Saint-Pierre.

L'an de Notre Seigneur mil huit cent soixante-deux et le treize octobre, fête de saint Edouard, roi et confesseur,

Monseigneur Patrice-François-Marie Cruice, Évêque de Marseille, honoré du sacré pallium, assistant au trône pontifical, chevalier de la Légion d'honneur, a consacré solennellement, avec les cérémonies prescrites par la liturgie romaine, cette église paroissiale, élevée par les soins et les efforts de Messire François-Clair Sauvaire, Recteur, et sous la direction intelligente de M. Sixte Rey, Architecte de la Ville, et aux frais de la Commune de Marseille, pendant l'administration municipale de M. Honorat.

Le vénéré Pontife, qui a daigné ainsi céder à nos vœux et nous donner une des prémices de son apostolat, en consacrant pour la première fois, une église dans son diocèse, l'a de nouveau, solennellement dédiée en l'honneur de saint Pierre, Prince des Apôtres, dont la fête titulaire sera célébrée le premier août, et sous la protection de la glorieuse Vierge Marie conçue sans péché.

Les reliques enfermées par Sa Grandeur dans le tombeau, pareillement consacré, sont celles des saints martyrs Celse, Benoît et Pie.

Etaient présents, au milieu d'une foule considérable : MM. les Archidiacres Vicaires généraux Pontier et Guiol ; M. le chanoine Secrétaire général de l'évêché, Gross ; un grand nombre de prêtres et d'ecclésiastiques, ainsi que MM. les membres du Conseil de Fabrique, savoir : Pierre Durand, négociant, président ; Barthélemy Réné, négociant, trésorier ; Théophile Guieu, armateur, secrétaire ; Auguste Laforêt, juge au tribunal civil, chevalier de la Légion d'honneur, et Aimé Aillaud, avocat.

Dont acte fait, dressé et consigné dans le registre des actes paroissiaux, pour perpétuelle mémoire et témoignage de notre profonde reconnaissance, l'an et jour que dessus.

Nota. — A cette pieuse cérémonie, assistèrent les ecclésiastiques dont les noms suivent : MM. Lautier, chanoine ; Eymard, chanoine archiprêtre du diocèse d'Aix, curé de Saint-Trophime à Arles ; Meistre, curé de Saint-Michel ; Desnoyer, curé de Notre-Dame du Mont ; Massot, curé de la Belle-de-Mai ; Chataud, curé de la Capelette ; Pichou, curé de Saint-Loup ; Isnard, curé de la Pomme ; Proal, curé de Saint-Barnabé ;

Aubert, curé de Saint-Joseph *(e. m.)* ; Taurel, curé de Sainte-Marguerite ; Gilly, aumônier de l'Asile des aliénés ; le vicaire de la Belle-de-Mai ; Rouard, vicaire de Saint-Pierre ; Beaulieu, prêtre de la maison des Orphelins à Saint-Pierre ; Chabaud, prêtre habitué de Saint-Michel.

IV

Ordonnance de Monseigneur l'Evêque pour la Circonscription de la paroisse Saint-Pierre, 21 décembre 1860.

Charles-Joseph-Eugène DE MAZENOD, par la miséricorde de Dieu et la grâce du Saint-Siège apostolique Evêque de Marseille, avant privilège du sacré pallium, assistant au trône pontifical, Sénateur, Chevalier grand'croix de l'ordre constantinien des Deux Siciles, Grand Officier de l'Ordre des Saints Maurice et Lazare ; etc., etc.

A tous ceux qui les présentes verront, salut et bénédiction en Notre Seigneur Jésus-Christ.

Vu la demande de M. le Curé de Saint-Pierre

lès Marseille, tendant à obtenir que la circonscription de sa paroisse soit modifiée ;

Considérant que cette paroisse, par le fait de l'établissement d'un Cimetière communal aux approches du hameau et de l'agrandissement de l'Asile des aliénés, a perdu une partie notable de sa population ;

Que les habitants de quelques localités dépendant jusqu'ici de la paroisse de Saint-Barnabé se trouvent avoir des relations plus rapprochées avec celle de Saint-Pierre, par suite des voies nouvelles qui ont été ouvertes et qui rendent les communications plus faciles et plus courtes ;

Que, dès lors, un remaniement de la circonscription de la susdite paroisse de Saint-Pierre et des paroisses voisines devient nécessaire ;

Le saint nom de Dieu invoqué ;

Avons ordonné et, par les présentes Lettres, ordonnons ce qui suit :

ARTICLE PREMIER

La circonscription de la paroisse Saint-Pierre lès Marseille est modifiée et arrêtée de la manière suivante :

A partir du pont de Saint-Pierre sur le ruisseau du Jarret, en face des bureaux de l'octroi, entrer dans le chemin dit de Saint-Jean du Désert, en comprenant dans la circonscription de Saint-Pierre telle que nous la déterminons par les présentes Ordonnances, les propriétés situées de chaque côté du chemin et, nommément, celles de MM. Saurin, de Sainte-Vallière, Coullet et Caseneuve ; laisser à la circonscription de la paroisse de Saint-Barnabé toutes les campagnes situées dans la traverse qui conduit au hameau de ce nom, ainsi que la propriété de M. Pascal et la partie de la propriété Maurin nouvellement acquise et qui est formée des anciennes campagnes d'Authier et Desbief, tandis que la partie de cette propriété Maurin où est sise la maison actuelle d'habitation demeure, tout comme la campagne Assailly, à la paroisse de Saint-Pierre. Quant au hameau de Saint-Jean du Désert et aux campagnes qui l'environnent, conserver les anciennes limites avec les paroisses de Saint-Barnabé et de la Pomme-Saint-Dominique.

Arriver par la traverse de Saint-Jean du Désert au lieu dit les *Quatre Chemins* sur la petite route d'Aubagne, entrer dans le chemin ouvert en face et qui vient d'être considérablement élargi, en enfermant dans la circonscription de Saint-Pierre les propriétés à droite de ce chemin, celles de M. Imbert, de M. d'Authier, jusqu'au petit chemin de Saint-Loup suivre la droite de ce petit chemin jusqu'à la traverse de la Capelette, près du Marquisat, et la droite de la traverse de la Capelette depuis et y compris la campagne Caille, celles de M. Bayol, Mlle Roussel, des hoirs Varsy et l'ancienne propriété Cailhol, Crozet, jusqu'au ruisseau de Jarret que l'on suivra en amont jusqu'à la campagne Laforêt, point de départ.

Art. 2

Les limites des paroisses de Saint-Barnabé et de Saint-Loup sont et demeurent modifiées, du côté de la paroisse de Saint-Pierre conformément aux dispositions contenues dans l'article précédent et les habitants des localités annexées à la dite paroisse de Saint-Pierre cesseront, à dater du jour de la publication de la présente Ordonnance, d'être soumis à la juridiction de leur curé respectif, pour dépendre de la même paroisse de Saint-Pierre et être soumis à la juridiction du curé de cette paroisse.

<h2 style="text-align:center">Art. 3</h2>

Notre présente Ordonnance sera adressée à MM. les curés de Saint-Pierre lès Marseille et de Saint-Barnabé, pour être par eux lue en chaire dans leur église respective et publiée ainsi que besoin sera, le dimanche qui suivra sa réception. Elle sera ensuite transcrite, par les mêmes curés, dans leur registre de paroisse et, enfin, déposée aux archives de leur église.

Donné à Marseille, dans notre palais épiscopal, sous notre seing, le sceau de nos armes et le contre-seing de notre Secrétaire, le 21 décembre 1860, en la fête de saint Thomas Apôtre, le quarante-neuvième anniversaire de notre ordination sacerdotale.

Signé : † C.-J. EUGÈNE,
Evêque de Marseille.

Par mandement de Monseigneur :

J. CARBONNEL,
Chan. Secrét. gén.

V

Noms des principaux Propriétaires, Bienfaiteurs ou Marguilliers des églises de Saint-Pierre et de Saint-Jean du Désert, depuis leur fondation jusqu'à la Révolution française.

I. — SAINT-PIERRE

MM. Hugues Ardent, Léonard de Sacco, Graffigne, Mignot, Jeart, Guillien, de Temple, Girard, Reyne, Deliberta, Isnard, de Cypriano, Chasse, Lebrand, Marge, Beau, Fouques, Bouteille, Faron, de Venture, Latti, Vidal, Boisson, Dalmas, Tacy, Lieutaud, Daignan, Maotis, Audix, Bibaody, Giraud, Tiran, Favin, Sillon, Boet, Reynaud, Arnaud, Fabry, Jullien, Icarden, Arnoux-Boyer, Turin, Sabolin, Jourdan, Fabre, Caze, Rimbaud, Mabilly, Guilhermy, Moutton, Frabur, Cauvin, Roubaud, Maroty, Bellin, Audibert, Mandine, d'Arcussia, Martin, Legrand, Sauveur, Molinard, Caillol, de Bouillon, de Bourdilloux, Varèze, Claret-Durand, Mesoyer,

Audiffret, de Laffond, Ripert, Girard, Berardy,
Gimonel, Bouisson, de Daignani, Riquette, Rolland-Fréjus, Doutre-Isouard, Deluy, Mestre,
Camoin, Simon, Autaux, Garnier, Jaubert,
Durand, Granette, Cautar, Jourdan de Fuzet,
Bonnet, d'Houtre, Lagier, Hanry, Jourdan de
Thousel, Barbeziers, Rimaud, de Roquevaire,
Rimbaud, Trabuc, David, de Borelli, de Porrade, Besson, Verdilhon, Let, Blanc, Bartaux,
Melchion Jourdan, Boisson, de Bourdaloue,
Chabaud, Caillaud, Mazet, Similier (1), Gimond,
Gamboni, Arène, Margaud, Araignon, Gazagnery, Granitou, Adrusoli, Gache, Chevalier,
Garcin, Brachet, Palanque, Ratte, Daignan,
Latyl, Courdeau, Rabattu, Lyon, Rome, Cosolin, de Guichard, La Baume, de Casse, Seguin,
de Valbelle, Desmeins, Payen, Maurel, Bernard,
Turon, Latip, Bouyer, Cabasson, Barrême,
Bistagne, Ferry, de Sylvabelle, Delisle, de Fréjus, Féraud, Guieu, de la Salle, Detenosy, Constans, Gimont, Estier, Dantoine, Laveny, de la

____

(1) Par testament daté du 29 mars 1695, a laissé une
fondation de messes, qui existe encore.

Garcinière, Robert, Rebuffat, Provençal, Goujon, de Jullian, de Martin, Ustache, Begoin, Amoreux, Aunet, Beaumont, Auriol, Clary, Troin, Aubran, de Moustier, Bosq, Audar, Paranque, Gaudin, Phibert, Brunet, Decuers, Billet, Mouvon, Horry, Jauffret, Dortigues, Audric, Barral, Mathieu, Gaillardon.

II. — Saint-Jean du Désert

MM. Monier, Betreille, Darnaud, Bonin, d'Aypin, de St-Just (1), Fabre, de Masserat, de Moustier, de Médecin, Beaumont, Brunet, de Citrany, Clarissy, Paret, de Thorame, Olive, Cabanes de Rigord, de Marguery, Audibert, Reboul, Fourrat, Lyon, Giraud, Leutaud, Mourraille, de Lantier, d'Anthoine, Pujet, Ribaud, Richard, de Barthélemy, de Borelli (général), d'Olinier, Luquet, Prat, Moraige, Chaulay, Teissère, Delague, Vincent, Aubert, Juillian, Bagarry, Cayol, Alby, Durbec, Taxy, Besset, Gay, Michel,

(1) Par testament daté du 9 mai 1705, a laissé une rente sur les hospices, pour honoraires de messes dites encore de nos jours.

Isoard, de l'Eglise, Lambert, de Serma, de Boisson, Gazelle, Vingt, Martin, Grouignard, Reynard, Deidier, Girard, Tourrel, Dheirague, Conte, Meyfren, Pignatel, de Mazénot. Laty, Gounin, Arnaud de Seccé, Sauvon, de Porrade, Carle, Reymondin, Reyne, Coste, Guérin, Deatille, Gaspard, Roubaud, Deisserot, de Bremond, Sama, Chaix, Guy.

NOTA. — En 1678, on comptait 47 bastides à Saint-Pierre. Il y en avait certainement autant, et peut-être plus, à Saint-Jean du Désert.

VI

Règlement pour l'organisation du Service paroissial de l'église Saint-Pierre, fait par les possédants biens en l'an 1713.

(Nous avons pensé qu'il serait intéressant de connaître ce Règlement, qui nous donne la clé pour comprendre nos vieux registres.)

Assemblée tenue aujourd'huy vingtunième may mil sept cent treize, sur les quatre heures du soir, par les possédants biens au quartier Saint-Pierre, terroir de cette ville de Marseille, dans la sale du cloître des RR. Pères Augustins réformés de la même ville, ensuitte de la convocation généralle faitte par billets, où furent présents :

MM. Pierre de Sacco,

Honoré-Jérome de Duranty de Saint-Louis,

Jean Beau,

Jean Boyer,

Pierre Graffine,

Joseph Barême,

Victor Martin,

Jean Mignot,

Louis Martin,

Mathieu Gazinery,

André Mazet,

Pierre Pauliany,

Joseph Constant,

Antonin Rousset,

Joseph Guache.

Et les deux Prieurs *paysans* actuellement en exercice, savoir : Antonin Martin, François Bestagne.

Dans laquelle assemblée, il a été représenté, par M. de Sacco, que l'église du dit quartier se trouvait dépourvue d'un Prêtre pour en faire le service; que les personnes y habitées étaient souvent exposées à pouvoir mourir sans aucun secours espirituel; même que celles de l'un et l'autre sexe à qui le deffaut de santé, l'âge où la vieillesse ne permettaient plus de faire des longs trajets étaient actuellement privées les jours de festes et dimanche d'assister au saint sacrifice de la messe et les autres en danger de la perdre; que les paysans, leurs femmes et leurs enfants ne goûtaient plus le pain de la parolle pour les instruire et divers autres inconvénients dont ceux-cy se plaignaient pour être sans Prêtre; que celuy qui desservait la dite église depuis dix ans avait quitté par le deffaut d'une rétribution convenable à son entretien; que les ornements dépérissaient chaque jour et que la chapelle avait besoin de quelques petites réparations.

Ce qui ne provenait, d'une part, que parce que plusieurs des possédants biens se dispançaient de vouloir contribuer; et, de l'autre, de ce qu'on avait désisté de plus plusieurs années de nommer

des Prieurs *messieurs*, qui, toujours mieux ins-
truits des devoirs de la religion, doivent par
conséquent être plus soigneux du service de la
maison de Dieu que ne sont ordinairement les
gens élevés à la campagne ; qu'il est donc nécessaire, par une sage délibération, de ramener le
bon ordre et de prévenir par forme de Règlement,
sous le bon plaisir de la Cour, tous les malheurs
qu'une pareille léthargie ou indolence pourrait
causer en ne pourvoyant pas au rétablissement
des Prieurs, au choix d'un Prêtre approuvé par
le seigneur Evêque, pour y administrer les sacrements, à l'entretien d'iceluy et en même temps
aux réparations des ornements et de l'église ;
et aux moyens d'y réussir, requerant sur tout ce
que dessus l'Assemblée de délibérer.

Sur quoy il a été résolu et délibéré, à la plura-
rité des suffrages, ainsy qu'il s'ensuit :

I

Il sera créé tous les ans, le jour de la fette de
saint Pierre, en aoust, quatre nouveaux Prieurs, à
l'instar des autres quartiers, deux desquels seront
du nombre de *messieurs* les possédants biens au-

dit quartier et les deux autres du nombre des *paysans* y habités.

II

Les nouveaux Prieurs seront nommés par les anciens sortant de charge et chaque Prieur aura droit de choisir son successeur, sans que les autres puissent le désapprouver, si ce n'est avec un légitime fondement, et sans qu'aucun de ceux qui auront été choisis puisse se dispenser de servir sous quel prétexte et manière que ce soit, à peine de tous dépens dommages et intérèts.

III

Ne pourront néanmoins les possédants biens dudit quartier qui serviront à l'avenir être nommés une seconde fois, qu'après que les autres particuliers qui le composent auront rempli à leur tour la même fonction.

IV

Mais d'autant qu'en la présente année il n'y a en service que les deux Prieurs *paysans*, les assemblés ont, dès à présent et unanimement, choisi et nommé les Prieurs *messieurs*, savoir : MM. Jean Minot et Pierre Pauliany, qui entre-

ront dès maintenant en charge et en fairont le
service jusques au jour de Saint-Pierre 1714,
auquel jour ils procèderont à la nomination des
nouveaux, en conformité des articles 1 et 2.

V

Les deux Prieurs *messieurs* auront soin chacun
dans leurs années de recevoir, retirer ou faire
exiger la contribution et quottité de chaque parti-
culier, ainsy qu'il sera cy après réglé.

VI

Il sera, incessamment et aux fins du précédent
article, procédé, par les dit Prieurs, accompagnés
des Prieurs *paysans* sy bon leur semble, à un
dénombrement fidelle des carterées que chaque
propriété du quartier Saint-Pierre put contenir,
pour être ensuite payé annuellement par les propriétaires d'icelles ou de ceux qui en jouissent,
entre les mains des Prieurs *messieurs*, cinq sols
par carterée, à l'effet de quoy ils tiendront un
registre où sera inséré ledit dénombrement et à
cotté le receu de ceux qui auront payé leur part et
portion, afin qu'on puisse sçavoir ceux qui diffé-

reront ou qui refuseront de donner leur contingent, pour être ensuite et audit cas procédé contre eux par les voyes de droit.

VII

Sera néanmoins ladite contribution de cinq sols par carterée (hors et excepté à l'égard des Prieurs) censée purement volontaire à l'égard de tous autres qui voudraient dans la suite des temps, sous quelque prétexte que ce fut, établir droit sur icelle, en vertu du présent acte, ce qui ne pourrait être considéré que comme une prétention contraire à la volonté des délibérants qui n'entendent aucunement assujétir leurs biens à aucune sorte de droit, n'ayant ainsy été réglée et fixé que pour soulager les Prieurs possédants biens dans le service de l'église et obvier par là au peu de discrétion de ceux qui refuseraient de contribuer.

VIII

Pourront même les possédants biens faire finir et cesser cette contribution par délibération contraire dûment homologuée toutes les fois que bon leur semblera, après convocation généralle, à la charge que les délibérans seront au moins le plus grand nombre ayant au préalable pourvu à la rétribution du Prêtre pour son entretien, afin d'éviter que ledit quartier ne reste jamais sans aucun pour faire le service de l'église.

IX

Pourront encore les dits Prieurs *messieurs* exempter de cette contribution ceux qui jugeront dans l'impossibilité d'y satisfaire comme non valoirs et suppléront en ce cas par eux-mêmes en payant la même quotité qu'auraient payé ceux que leur piété trouvera bon de dispancer.

X

Les Prieurs *messieurs* de la présente année seront chargés du soin de chercher et choisir un Prêtre approuvé par le seigneur Evêque pour déservir la dite église, auquel ils pourront accorder et promettre, outre le casuel de la quête en pain et vin, la somme de cent vingt livres de rétribution toutes les années, qui luy sera payée par les Prieurs *messieurs* du provenu de la contribution, en trois payements égaux de quatre en quatre mois, et ce à raison de quarante livres chacun et par avance ; et ainsy continuera ledit payement tant qu'il conviendra aux dits Prieurs et aux possédants biens du quartier de le faire en faveur du Prettre qui y faira le service et les fonctions de son ministère, en y établissant sa résidence pour, dans le besoin, donner les secours spirituels à ceux qui l'appelleront.

XI

Sera encore accordé au même Prêtre, outre les 120 livres cy-dessus promises et le casuel de la quête en pain et vin, les deniers de l'offrande de la messe s'il en reçoit, les deniers provenant du bassin des âmes du purgatoire, pour en faire l'application des messes à leur intention dans l'église du quartier, et aura en outre pour les autres jours ouvriers qui resteront ses messes libres.

XII

Tous les autres casuels de l'église generallement quels qu'ils soient, comme cire provenant des enterrements et accompagnements des morts et tous autres, seront et appartiendront aux Prieurs et confrérie de *Corpus Dommini* du dit quartier, qui ne pourront les employer qu'au service et usage de la même église.

XIII

Le Prêtre faira sonner trois fois le jour le salut : le matin, à midy et le soir, et clochera tous les dimanches avant les vêpres la doctrine pour les enfants et autres personnes, et leur faira un quart d'heure de catéchisme pour les instruire des devoirs de leur religion et toutes les autres fonctions prescrites par les ordonnances et règlements du seigneur Evêque.

XIV

Il sera fait, toutes les années, par les Prieurs *messieurs* qui entreront en exercice, un inventaire, signé par eux et par le Prêtre, de tous les ornements de l'église dont le Prêtre se chargera.

XV

Les Prieurs *paysans* seront tenus de parer et orner l'autel fêtes et dimanches et de faire la cuillete dans l'église pendant les offices divins avec le bassin ordinaire de *Corpus Domini* et le denier en provenant sera par eux mis dans un tronc de l'église à deux clefs, dont l'une sera gardée par les Prieurs *messieurs* et l'autre par les Prieurs *paysans*, qui la remettront, au requis des Prieurs *messieurs* lorsque besoin sera ; et, moyennant ce, seront iceux chargés de contribuer et par fournir entre les mains des Prieurs *messieurs* la somme de trente livres toutes les années.

XVI

Ils seront en outre tenus de faire fournir aux autres bassins de chaque luminaire de la dite église et qui quêtent dans icelle la somme de cinq livres annuellement à chacun, et, au cas que le provenu des dits bassins, tant de celuy de *Corpus Domini* que les autres, ne fut pas sufisant à parvenir à la somme de quarante livres, les

Prieurs *paysans* seront obligés d'y suppléer ;
que si, par contraire, il y avait du surplus, les
Prieurs *messieurs* l'employerait ainsy qu'il sera
dit cy après.

XVII

Pourront faire toutes les années, advenant la
fête de saint Pierre en aoust, la distribution des
gateaux dans la ville et au terroir, aux maisons et
bastides des possédants biens, le plus modestement
qu'il se pourra, sans que les tambours, s'ils en
ont, puissent servir à aucune sorte de danse, qui
induisent toujours des querelles et des suittes
facheuses, comme contraires aux canons, aux
saintes maximes de l'Eglise et aux arrêts du Parlement, à condiction toutefois que le provenu de
cette distribution sera aussy mis dans le tronc
susdit, après qu'ils en auront prélevé les fraix
des gateaux, ceux des tambours et les autres dé-
pances utiles, sans pouvoir y comprendre celle
d'aucun repas, pour être le tout employé en conformité de l'article qui suit.

XVIII

Toutes les dites contributions, tant celle de cinq sols par carterée, que celles provenant des bassins de l'église, de la distribution des gateaux et autres généralement quelconques seront tout premièrement emploiées, par les Prieurs *messieurs* qui seront en charge, à l'entretien de la cire des autels, si celle provenant casuellement des morts n'était pas suffisante, comme aussy à l'huile de la lampe du maître-autel, aux quatre flambeaux de cire blanche à écusson, pour servir aux quatre Prieurs, tant aux bénédictions, processions, qu'à l'accompagnement du Très Saint Sacrement, et ensuite à la rétribution des 120 livres du Prêtre, et le surplus, s'il en reste, sera employé aux plus urgentes réparations de l'église et de ses ornements, au choix des Prieurs *messieurs*, sans que rien puisse être diverty ny appliqué à autre usage, sous quelle raison et prétexte que ce soit.

XIX

Mais, parce qu'il ne serait pas juste de se lier, par la présente écrite, en faveur d'aucun Prêtre qui a toujours le choix de quitter quand bon luy semble et que la liberté doit être réciproque de part et d'autre, il a été arrêtté et convenu par les délibérans que le payement cy-dessus stipulé de 120 livres, le casuel du pain et du vin et les autres petites rétributions quelles quelles soient ne luy seront accordées et payées qu'entant qu'il faira le service de ladite église et que les possédants biens du quartier en seront contents et satisfaits, autrement et, à ce deffaut, les dits rétributions ou payements cesseraient par la seule délibération et consentement des possédants biens pour lors en état, qui pourraient en substituer un autre à sa place, pourvu toutefois que celuy qu'on voudrait mettre fut toujours approuvé par le seigneur Evêque.

XX

Et finalement, pour que la présente délibération aye toute la valleur requise et nécesaire et quelle puisse valloir par forme de règlement ou autrement; lier en conséquence, aux termes y limités, tous les possédants biens dudit quartier, sans qu'aucun puisse y contrevenir à peine de de touts dépens et dommages intérêts, les présents délibérant pour les absents, les Prieurs messieurs en poursuivront l'homologation au plutôt par devant la souveraine Cour du Parlement de ce pays, leur donnant, pour raison de ce, tout le pouvoir nécessaire, et la fairont ensuite transcrire dans le registre de la confrairie de *Corpus Domini* de l'église du quartier, pour y avoir recours en cas de besoin.

Ceux qui ont sçu écrire ont signé, les autres ont fait leur marque.

Signé : DE SAINT-LOUIS, pour 13 quarterées à 5 sols. — SACCO. — A MAZET. — BARRÊME. — MIGNOT. — Marque + d'Antoine ROUSSET. — PAULIANY. — Marque + de François BESTAGNE, Prieur vieux. — GACHE. — Marque + de Antoine MARTIN, Prieur vieux. — Marque + de Louis MARTIN. — Victor MARTIN. — BOYER, pour 9 carterées à 5 sols chacune, revenant à 45 sols, sans préjudice de ses droits. — CONSTANT, pour quatre carterées faisant 20 sols.

VII

Notes supplémentaires

I. — Un Oratoire

Le petit oratoire qui se trouve à la bifurcation
du chemin de Saint-Jean du Désert à Saint-Dominique, et de celui de Saint-Dominique à la
Pomme, serait-il le même que celui dont il est
question page 43 ? Nous ne pouvons l'affirmer.

II. — La Citranille

La campagne de M. André Maurin, à Saint-
Jean du Désert, a été constituée par M. de Citrany
(Sitrani ou Sittrany) depuis 1579 — 1608 —
1643 — 1686.

Jean-Augustin de Citrany lègue sa propriété à
son fils Jean-Augustin-Christophle ; par testament de Jean-Augustin-Christophle de Citrany,
chevalier comte de Belleval (22 novembre 1774),
fils de feu Jean-Augustin de Citrany, chevalier,

tous ses biens sont légués à sa mère Marie-Marguerite de Gaspary.

Le 26 mai 1782, testament de la susnommée, épouse de feu noble Jean-Augustin de Citrany, léguant ses biens à sa nièce, fille de feue dame Marie-Elisabeth de Gaspary sa sœur, épouse de M. Breissand.

Le 24 mars 1791, Mme Claire-Jeanne Jullien, épouse Breissand, vend sa propriété à Marie-de-Grâce de Garnier, épouse d'Antoine d'Authier, major de vaisseau du roi.

Son fils Antoine d'Authier achète aux enchères publiques la campagne, le 13 décembre 1848.

Le 3 mai 1850, M. Edouard Maurin fait l'acquisition de la même campagne, qui comprenait 14 hectares 24 ares 24 centiares.

La famille Maurin acquiert, en outre, deux autres propriétés adjacentes : 1° la campagne Desbief (grand portail), le 29 juin 1861, d'une contenance de 1 hectare 80 ares ; 2° une partie de la campagne Rouvier, le 21 juin 1862, d'une contenance de 2 hectares 6 ares 7 centiares.

De telle sorte qu'aujourd'hui, ce que nous

appelons la campagne Maurin a une contenance de 18 hectares 10 ares 31 centiares.

Cette magnifique propriété appartient maintenant à M. André Maurin, par acte de partage du 8 juin 1887.

On l'appelle *La Citranille*, du nom de son premier propriétaire. (Voir page 52.)

III. — Circonscription paroissiale

Le 3 janvier 1777, les prieurs de Saint-Barnabé se décident à employer l'action judiciaire pour faire rentrer dans leur quartier plusieurs campagnes qui en avaient été démembrées.

Une transaction a lieu le 14 septembre suivant et, sur les vingt et une bastides qui avaient été distraites en faveur de Saint-Pierre, dix-huit rentrent dans le quartier de Saint-Barnabé. (Voir page 118.)

IV. — Les deux frères de Libertat

Deux membres de la famille de Libertat, Pierre Bayon de Libertat, capitaine de la porte Réale, et son frère, Barthélemy de Libertat, capitaine au quartier de Blanquerie, jouèrent un rôle que nous ne voulons point qualifier, lors de la prise de Marseille par le duc de Guise, sous Henri IV (1596). Ils massacrèrent lâchement le consul de Casaulx, qui, à la vérité, préférait le joug de l'étranger à la domination royale. (Voir page 122.)

TABLE DES MATIÈRES

MARSEILLE. — IMPRIMERIE MARSEILLAISE, RUE SAINTE, 39.

9 782019 949150